I0876885

böhlau

Renate Oldermann

Johanna Magdalena von Bismarck (1690–1762) und ihre Schwestern

Über Frömmigkeit im Barock

BÖHLAU

Gedruckt mit freundlicher Unterstützung der Schaumburger Landschaft, der VGH Stiftung sowie des Landschaftsverbandes Hameln-Pyrmont e.V.

SCHAUMBURGER LANDSCHAFT

VGH Stiftung

LV HP
Landschaftsverband
Hameln-Pyrmont e.V.

Bibliografische Information der Deutschen Nationalbibliothek:
Die Deutsche Nationalbibliothek verzeichnet diese Publikation in der Deutschen Nationalbibliografie; detaillierte bibliografische Daten sind im Internet über https://dnb.de abrufbar.

Umschlagabbildung: Nonnenschlafsaal des Stifts Fischbeck. Foto: Renate Oldermann.

Umschlaggestaltung: Michael Haderer, Wien
Korrektorat: Simone Buckreus, Regensburg
Satz: le-tex publishing services, Leipzig
Druck und Bindung: Hubert & Co., Ergolding
Printed in the EU

Vandenhoeck & Ruprecht Verlage | www.vandenhoeck-ruprecht-verlage.com
E-Mail: info@boehlau-verlag.com

ISBN 978-3-412-53275-8 (print)
ISBN 978-3-412-53276-5 (digital)

Inhalt

Dank

Mit der hier vorgelegten Lebensgeschichte der Johanna Magdalena von Bismarck hat der Böhlau Verlag zum dritten Mal eine von mir erarbeitete Biographie einer historischen Frauengestalt der Frühen Neuzeit verlegt. Für dieses Entgegenkommen danke ich sehr herzlich der Verlagsvertreterin Frau Dorothee Wunsch. In gleicher Weise gilt mein Dank der Projektmanagerin Julia Beenken für die gute Zusammenarbeit bei der Manuskript- und Bildbearbeitung.

Meinen bewährten Erstleserinnen und Lesern aus Fischbeck, Frau Äbtissin Katrin Woitack, Frau Altäbtissin Uda von der Nahmer, Schirmvogt Otto Freiherr von Blomberg sowie Pastor Hans-Martin Schäfer aus Bremen, danke ich für die kritische Durchsicht des Manuskripts, für hilfreiche Anmerkungen und für positive Rückmeldungen.

Da sich bei meinen Recherchen leider keine Porträts der Protagonistinnen auffinden ließen, ist es umso erfreulicher, dass Abbildungen der zeitgenössischen Persönlichkeiten, mit denen Johanna Magdalena von Bismarck in persönlichem Kontakt stand, zugänglich sind. Für die unkomplizierte Bereitstellung von Abbildungen aus der Porträtsammlung der Franckeschen Stiftung in Halle gilt mein besonderer Dank dem Diplomarchivar Arvid Steubler.

Zum wiederholten Male bin ich der Schaumburger Landschaft und der VGH Stiftung zu Dank verpflichtet für die großzügige finanzielle Unterstützung auch der vorliegenden Arbeit. In gleicher Weise gilt dieser Dank dem Landschaftsverband Hameln-Pyrmont e. V.

Renate Oldermann
Bremen, Februar 2025

Einführung

„Bismarck ist der Name eines alten Adelsgeschlechts aus der Altmark, das im 13. Jahrhundert unter den Stadtgeschlechtern von Stendal erscheint. Die Familie wurde mit Gütern im Umland belehnt und erwarb ab Anfang des 18. Jahrhunderts auch Besitz in Pommern. Der bedeutendste Vertreter der Familie war der erste deutsche Reichskanzler Otto Fürst von Bismarck aus der Linie Schönhausen."[1] So oder ähnlich vielerorts nachzulesen. Die Fokussierung auf den Fürsten Otto (1815–1898) lässt die übrigen Familienmitglieder verblassen. Doch auch schon ‚vor Otto' hat es interessante und ihr jeweiliges Umfeld nachhaltig prägende Familienmitglieder gegeben, denen ich mich im Folgenden zuwenden möchte.

Gut hundert Jahre zuvor hinterließ eine frühere Angehörige der Familie, die aus der Mark Brandenburg stammende Johanna Magdalena von Bismarck (1690–1762), ein eindrucksvolles Bücherinventar, das sich jüngst unter den Nachlassverzeichnissen im Archiv des evangelischen Damenstifts Fischbeck[2] an der Weser fand. Umfang und Inhalt des Inventars ermöglichen nicht nur einen Blick auf die geistigen Interessen einer Kapitularin des 18. Jahrhunderts, sondern spiegeln mit mehr als vierhundert Titeln auch die gesamte nachlutherische pietistische Frömmigkeitsliteratur und die Auseinandersetzung um die so genannte „Reformation der Reformation" wider. Weckte allein schon dieser Bücherschatz das Interesse an seiner Besitzerin, so vertiefte es sich angesichts eines aufgefundenen Briefwechsels, den die Protagonistin mit der prägenden Figur der pietistischen Bewegung, August Hermann Francke (1663–1727), in Halle führte. Die Durchsicht der in der Franckeschen Stiftung in Halle und in der Staatsbibliothek Berlin – Preußischer Kulturbesitz – aufbewahrten Korrespondenz erhellte in der Folge eine bemerkenswerte persönliche Beziehung Johanna Magdalenas zu dem Hallenser Theologieprofessor.

Doch nicht nur Johanna Magdalena, sondern auch ihre beiden Schwestern Bartha Elisabeth, Oberhofmeisterin in Wolfenbüttel, und Sophia Louise von Bismarck in Küstrin sowie die befreundete Kapitularin Anna Louise von Münchhausen standen im Briefwechsel mit dem Theologen und treten auf diese Weise aus dem Dunkel der Geschichte heraus. Das Schreiben von Briefen reichte den Damen dabei nicht aus. Angesichts der Mühsal des Reisens im 18. Jahrhundert ist es erstaunlich, dass die beiden Fischbecker Kapitularinnen nicht nur einmal, sondern gleich mehrfach Reisen in das weit östlich der Altgrafschaft Schaumburg liegende sächsische Halle unternahmen. Die digital einsehbaren Tagebücher August Hermann Franckes, der

1 Kraus: Bismarck.

2 Oldermann: Stift Fischbeck.

getreulich alle Korrespondenz und seinen gesamten Besucherverkehr protokollierte, legen Zeugnis ab von häufigen Besuchen der jungen Frauen im Hause Francke und zahlreichen theologischen Gesprächen mit dem verehrten Professor. Darüber hinaus wurden Freundschaften geknüpft, die eine eindrucksvolle Vernetzung von Anhängerinnen der pietistischen Bewegung in Halle mit denen in anderen Landesteilen deutlich machen. Der nach der Rückkehr der Fischbeckerinnen brieflich geführte Kontakt ermöglichte auf diese Weise eine gegenseitige religiös-theologische Unterstützung in Glaubensfragen und beförderte das Engagement der Pietistinnen in konkreten sozial-karitativen Projekten.

Bücherinventar, Briefschaften und Tagebucheintragungen hatten das Nachzeichnen des Lebens der Pietistin Johanna Magdalena schon fast zum Abschluss gebracht, als ein Fund hinzutrat, der jeder und jedem in einem Archiv Arbeitenden nachdrücklich in Erinnerung bleiben wird. Eines Tages meldete sich ein junger Mann telefonisch im Stift Fischbeck und verkündete, er sei im Besitz von sehr alten handschriftlichen Büchern, in denen er nur den Namen Bismarck entziffern könnte. Ob wir interessiert seien? Wir waren es. Bei näherer Begutachtung handelte es sich um zwei umfangreiche gebundene handschriftliche Aufzeichnungen Bartha Elisabeths von Bismarck, die sie in den Jahren 1754 bis 1759 während des Siebenjährigen Krieges angefertigt hatte. Ein Dachbodenfund, der nach mehr als 260 Jahren genau zum richtigen Zeitpunkt ans Licht trat. Bartha Elisabeths Mitschriften von Predigten werfen ein Schlaglicht auf die Frömmigkeitskultur jener Zeit, und die zahlreich eingestreuten Bemerkungen runden die Kenntnisse des Lebenswegs der Schwestern ab.

In der Gesamtschau der sich nunmehr aus verschiedenen Quellen speisenden archivalischen Überlieferung weitet sich der Blick über das Leben der Protagonistinnen hinaus auch auf ihre im weltlichen Bereich agierenden Brüder Ludolf August von Bismarck und Hieronymus von Münchhausen. Deren diplomatische Dienste an den europäischen Höfen in London, St. Petersburg und Wolfenbüttel eröffnen größere Zusammenhänge, so dass eine zeittypische adlige Familiengeschichte mit illustren Angehörigen nacherzählt werden kann.

Editionsrichtlinien

Zitate aus Handschriften sind kursiv gesetzt, Zitate aus der Literatur mit Anführungszeichen kenntlich gemacht.
[…] Auslassungen innerhalb eines Zitats oder einer Titelwiedergabe
[!] Fehlerhaftes in der zitierten Quelle oder besonders Bemerkenswertes

1. Eine Familie zerbricht

1.1 Ein Blick zurück

Johanna Magdalena von Bismarck wurde am 19. August 1690 als Tochter des Christoph Friedrich I. von Bismarck (1652–1704) und der Luise Margarethe von der Asseburg (1657–1698) auf dem Familiengut Schönhausen an der Elbe geboren. Sie war ein mittleres Kind, das sechste von dreizehn Geschwistern.[3] Zwei Brüder und zwei Schwestern starben früh, drei Brüder und fünf Schwestern erreichten das Erwachsenenalter. 1705 erhielt Johanna Magdalena eine Expektanz[4] für das Damenstift Fischbeck an der Weser. Das Stift lag nicht weniger als 300 km westlich von ihrer Heimat entfernt. Wie war es dazu gekommen?

Johannas Familie war seit vielen Generationen zunächst in der linkselbischen Altmark ansässig, ihre Vorfahren waren ehemalige Ministeriale des brandenburgischen Markgrafen und Burgmannen der Burg Stendal.[5] Als führende Mitglieder der Gewandschneidergilde gehörten sie zum Stadtrat von Stendal. Aus den frühen Generationen der Bismarcks tritt als Erster Klaus von Bismarck (1307–1377) deutlich hervor, der seinen Besitz nicht nur durch umfangreiche feudale Ländereien und Gerechtsame in zahlreichen Dörfern der näheren und weiteren Umgebung erweitern konnte, sondern als Stiftshauptmann des Magdeburger Erzbistums auch die höchste weltliche Stellung im Land innehatte.[6] 1345 belehnten ihn die brandenburgischen Markgrafen mit dem an der Grenze zum Erzbistum Magdeburg gelegenen Schloss Burgstall.

Zweihundert Jahre später, 1562, erzwang der brandenburgische Kurprinz Johann Georg den Tausch des Schlosses Burgstall gegen die ehemals dem Bistum Havelberg gehörenden, an der Elbe gelegenen Kirchengüter Crevese (linkselbisch) sowie Schönhausen und Fischbeck (rechtselbisch).[7] Hintergrund dieses Tausches war der Wunsch des Kurprinzen, sein Jagdterritorium zu vergrößern und den säkularisierten Kirchenbesitz zu arrondieren. Diese als schlimmes Unrecht empfundene

---

3 Zu allen Familienangehörigen s. die Stammtafeln der Familien von Bismarck und von der Asseburg im Anhang.

4 Eine Expektanz war die Zusage auf einen freiwerdenden Stiftsplatz. Da nur zwölf Plätze zur Verfügung standen, waren diese Zusagen, für die auch Gebühren zu zahlen waren, sehr begehrt.

5 Engelberg: Die Bismarcks, S. 9 ff.

6 Ebd.: S. 24–38. Ab 1367 stand er als Hofmeister mit weitgehenden Vollmachten in Diensten des Markgrafen von Brandenburg. Die vom Markgrafen gewährte formale Standeserhöhung vom Bürger zum Schlossgesessenen und Edlen der Altmark erlebten 1409 erst seine Enkel.

7 Ebd.: S. 54–63.

Abb. 1 Schloss Schönhausen II., 1729

„Permutation“ konnte die Familie von Bismarck selbst nach 300 Jahren nicht vergessen, auch wenn die Familie als kurfürstliches Zugeständnis weiterhin Mitglied in der altmärkischen Ritterschaft blieb.[8]

Stammvater aller Bismarcks wurde Friedrich von Bismarck auf Crevese (1513–1589), dem nach dem Tod der kinderlos verstorbenen ersten Besitzer von Schönhausen auch dieses Gut zufiel. Zwei Generationen später heiratet Johanna Magdalenas Urgroßvater Valentin (1580–1620) Barte von der Asseburg (1582–1642).

Deren drei Söhne Ludolf, August I. und Valentin Busso wurden vom Kurfürsten von Brandenburg gemeinsam im ungeteilten Besitz mit Schönhausen belehnt. Valentin Busso (1613–1679), Johannas Großvater, absolvierte zunächst ein Studium in Helmstedt und trat dann wie viele märkische Adlige während des Dreißigjährigen Krieges in schwedische Dienste. 1642 erlebte er bei seinem von Kurfürst Friedrich-Wilhelm angeordneten Rückzug auf dem Weg von Havelberg nach Süden, wie seine eigenen Soldaten, die vom Vorgänger Georg Wilhelm nicht mehr bezahlt werden

8 Nachweislich machte die Familie jedoch in zähen Verhandlungen mit dem Kurprinzen durch den Gewinn zweier ansehnlicher Gutsherrschaften (Crevese und Schönhausen) kein schlechtes Geschäft. Die eigentlich Leidtragende bei diesem Kontrakt war die bäuerliche Bevölkerung, die Land abzutreten hatte und zu neuen Diensten verpflichtet wurde. Vgl. Enders: Herrschaftswechsel.

Abb. 2 Stammtafel der Familie von Bismarck, 1712

konnten, das väterliche Gut Schönhausen brandschatzten.[9] Voller Verzweiflung musste er zuzusehen, wie Schloss und Kirchturm in Flammen aufgingen. Der Turm der Dorfkirche von Schönhausen zeigte noch über 300 Jahre den klaffenden Spalt, den die große Glocke 1642 bei ihrem Sturz aus dem brennenden Gebälk des Kirchturms wie eine Narbe hinterlassen hatte.[10] Vom Schloss ragten nur öde Mauern und ein hoher Schornstein aus dem Schutt empor. Das Bibelzitat nach Hiob 6 Vers 2 auf Valentin Bussos Grabplatte in der Kirche von Schönhausen lässt seinen Schmerz über diese Katastrophe erkennen:

WEN MAN MEINEN JAMMER WÖGE
UNDT MEIN LEYDEN ZUSAMMEN
IN EINE WAGE LEGTE SO WURDE
ER SCHWERER SEIN DEN SANDT AM MEER.

9 Neumann: Dorfkirche, S. 15.
10 Engelberg: Die Bismarcks, S. 81.

Abb. 3 Epitaph Valentin Busso von Bismarck, 1679

Das Land an der mittleren Elbe war nach dem großen Krieg ausgeblutet und verwüstet. Dänen, Sachsen und Schweden hatten allein die Gegend um Tangermünde 14-mal heimgesucht. Sie hinterließen ausgebrannte menschenleere Dörfer, in manchen Gegenden lebte nur noch die Hälfte der ursprünglichen Bevölkerung. Die Güter, Felder und Gärten waren ruiniert, kein Vieh mehr vorhanden. Zweimal innerhalb von zehn Jahren brannte das Schloss. Drei Brüder mit ihren Familien konnten mehr schlecht als recht von den Einnahmen aus dem verwüsteten Besitz existieren. Nachdem seine Brüder Ludolf und August I. 1671 und 1670 verstorben waren, übernahm Valentin Busso die Gutsherrschaft in Schönhausen. Die drei Söhne, die Valentin Busso mit seiner Frau Anna Katharina von Bardeleben zeugte, schlugen jedoch alle eine militärische Laufbahn ein.

Hintergrund für diese Entscheidungen war der vom Großen Kurfürsten nach dem Ende des Dreißigjährigen Krieges betriebene Aufstieg Kurbrandenburgs zu einer europäischen Großmacht. Nach dem Friedensschluss hatte er seine zuvor ausgehobenen Truppen nicht entlassen, sondern den Provinziallandständen die

Finanzierung eines stehenden Heeres abgetrotzt. Der bis dahin von militaristischen Neigungen unberührte brandenburgische Landadel mutierte in der Folgezeit zum Dienstadel des neu entstandenen kleinen brandenburgischen Heeres und leistete den Treueid auf den Kurfürsten. Von 4.000 Mann im Jahr 1644 wuchs das Heer auf eine Stärke von 30.000 Mann im Jahr 1688. Die ehemals ihre Gutswirtschaft betreibenden, Bier brauenden und Handel treibenden Landadligen fanden sich im Offizierskorps eines der am stärksten armierten Fürstentümer des Alten Reiches wieder. Der älteste Sohn Valentin Bussos, Jürgen Valentin, verdingte sich im Krieg der Republik Venedig gegen die Türken als Söldner und fiel 1670 bei der Belagerung von Heraklion auf Kreta. Die beiden weiteren Söhne Ludolf und Christoph Friedrich, Johannas Vater, traten in das neu gegründete kurfürstliche Heer in Brandenburg-Preußen ein. Dort war Christoph Friedrich an zahlreichen großen Schlachten der zweiten Hälfte des 17. Jahrhunderts beteiligt und avancierte als erster Spross des altmärkischen Landadelsgeschlechts zum General. Sein Bruder Ludolf erwarb im kurbrandenburgischen Heer den Rang eines Oberstleutnants. Da er keine Nachkommen hinterließ, war es Christoph Friedrich, der den Familienzweig fortsetzte und gemeinsam mit seinen Vettern mit dem Amt Schönhausen belehnt wurde. Die Gutsherrschaft in Schönhausen übernahm statt seiner August II., Sohn von Valentin Bussos 1670 verstorbenem Bruder August I.

1.2 Kindheit in der Garnison

Johanna Magdalenas Kindheit war bestimmt durch die Nachwirkungen des großen Krieges, in denen Menschen an Hunger und Seuchen starben und eine Pestepidemie weitere Opfer forderte. Auch nach dem Ende des Dreißigjährigen Krieges herrschte kein Frieden im Reich. Die fünf ungleichen Großmächte in Europa rangen um Macht- und Einflusssphären: Kurbrandenburg und Schweden kämpften um Einfluss im Ostseebereich, im Nordischen Krieg versuchte sich Schweden gegen Russland zu behaupten. Im Spanischen Erbfolgekrieg stritten England und Frankreich um die politische Vorherrschaft in Europa. Österreich-Ungarn hatte sich gegen den Ansturm der Türken zu wehren. Im Pfälzischen Erbfolgekrieg wurde am Niederrhein gekämpft. Überall versuchten die deutschen Territorialfürsten, ihre Macht zu festigen und auszubauen. Diese Abfolge regionaler europäischer Kriegszüge bedrückte die Bevölkerung und verheerte weitere Gebiete. Teilhabe an einer Vielzahl dieser militärischen Konflikte hatte Christoph Friedrich. Seine Lebensgeschichte liest sich wie ein Spiegel der Geschichtsdaten des ausgehenden 17. Jahrhunderts.

Bereits mit 15 Jahren trat Christoph Friedrich in das Kurprinzliche Regiment des Großen Kurfürsten ein, der sich 1660 im Frieden von Oliva gegenüber Polen und Schweden die Souveränität über das Herzogtum Preußen gesichert hatte.

1675 kämpfte Christoph Friedrich bei Fehrbellin gegen Schweden, wobei den brandenburgisch-preußischen Truppen erstmals ein für das Nationalbewusstsein bedeutsamer Sieg über die Großmacht Schweden gelang. 1680 wurde er mit 28 Jahren zum Major ernannt.

Bei einem Heimaturlaub lernte Christoph Friedrich Luise Margarete von der Asseburg kennen, mit deren Familie er weitläufig verwandt war: Christoph Friedrichs Großvater Valentin von Bismarck hatte Barte von der Asseburg zur Ehefrau genommen. Schon bald nach der ersten Begegnung mit Luise Margarete wurde der Hochzeitstermin auf den 24. Januar 1681 festgelegt. Die Vorbereitungen für die Feier auf dem Familiensitz Neindorf liefen, als am Vortag die Mutter der Braut verstarb. Die Vermählung konnte jedoch nicht verschoben werden, da Christoph Friedrich zu seinem Regiment zurückkehren musste. Für die junge Braut war dieses Zusammentreffen von Trauer um die Mutter und Freude über ihre Vermählung eine schwere Belastung am Beginn ihrer Ehe. In der Folgezeit führte sie – bedingt durch die militärische Laufbahn ihres Mannes – ein unruhiges Leben. Ihre 13 Kinder brachte sie an fünf verschiedenen Orten zur Welt. In den ersten Jahren begleitete Luise Margarete ihren frisch angetrauten Ehemann zu seinem im Herzogtum Preußen stehenden Regiment. Der erste Sohn des Ehepaares, Busso Ludwig, kam im Januar 1682 im ostpreußischen Bartenstein[11] zur Welt, die Geburt des zweiten Sohnes Ludolf August folgte im März 1683, diesmal in Preußisch Holland.[12] In den kleinen Garnisonsstädten, die erst seit zwei Jahrzehnten unter preußischer Oberhoheit standen, waren die Offiziere mit ihren Familien in den Häusern der Bürger einquartiert, da Kasernen und Festungen erst entstanden. Für Luise Margarete waren diese ersten Jahre sicherlich eine besondere Herausforderung.

1683 war das Jahr der erfolglosen Belagerung Wiens durch die Osmanen, die den Großen Türkenkrieg auslöste. An der im März 1684 begonnenen kaiserlichen Gegenoffensive zur Rückeroberung Ungarns, der „Heiligen Liga“, beteiligte sich auch Kurbrandenburg, das ein Hilfskorps von 8.000 Mann entsandte. Mit dabei war Christoph Friedrich, der sich im Auftrag des Kurfürsten mit seinem Regiment an der Eroberung von Ofen beteiligte, die jedoch im Oktober ergebnislos abgebrochen wurde.

Als ihr Ehemann mit seinem Regiment nach Ungarn aufbrach, stand Louise Margarete kurz vor der Geburt ihres dritten Kindes. Zur Geburt zog sie sich auf das elterliche Gut in Neindorf zurück, wo sie im April 1684 die Tochter Anna Sidonia zur Welt brachte. Nach der Rückkehr ihres Mannes aus Ungarn brach die junge Familie erneut auf und zog mit ihren drei Kleinkindern auf den Stammsitz der Familie von Bismarck nach Schönhausen. Mit drei Kindern in den Bürgerhäusern

11 In Ostpreußen südöstlich von Kaliningrad gelegen.

12 In Ostpreußen südöstlich von Elbing gelegen.

der Garnisonsstädte weiterzuleben, war für die wachsende Familie nicht mehr tragbar. Inzwischen hatte der Wiederaufbau des zerstörten Schlosses durch Vetter August II. bereits Fortschritte gemacht, so dass Christoph Friedrich mit seinen Angehörigen dort ansässig werden konnte. Auf Schönhausen kam im Mai 1685 die Tochter Sophia Luisa zur Welt, der dann Jahr für Jahr bis 1690 ein Sohn und drei weitere Töchter folgten. Der Sohn überlebte die Geburt nicht und eine Tochter starb als Kleinkind. Das letzte Kind, das 1690 in der Kirche zu Schönhausen die Taufe empfing, war Johanna Magdalena.

Zwischenzeitlich hatte im Juni 1686 ein erneuter Feldzug gegen die ungarische Hauptstadt begonnen, in deren Folge im September die Stadt Ofen eingenommen wurde. Christoph Friedrich kehrte aus den Feldzügen gegen die Türken zwar unverletzt zurück, scheint jedoch in der Folgezeit mehrfach an schweren Krankheiten gelitten zu haben. Nach dem Tod des Großen Kurfürsten 1688 ernannte ihn dessen Nachfolger Kurfürst Friedrich III. zum Oberstleutnant des Kurprinzlichen Regiments. Von Juli bis Oktober 1689 stand er mit seinem Regiment im Pfälzischen Erbfolgekrieg bei der Belagerung von Bonn, in Brüssel und Brabant.

Nach seiner Rückkehr 1690 beförderte der Kurfürst Christoph Friedrich zum Kommandanten von Küstrin,[13] woraufhin ein weiterer Umzug stattfinden musste. Beladen mit Sack und Pack und inzwischen sieben Kindern im Alter von wenigen Monaten bis zu acht Jahren gingen die Fuhren von Schönhausen nach Küstrin. Die Stadt war geprägt von der hier stationierten Garnison des brandenburgisch-preußischen Heeres und zählte mittlerweile zu einer der stärksten Festungen der deutschen Staaten. Hier brachte Louise Margarete zwischen 1691 und 1696 fünf weitere Kinder zur Welt, von denen ein Sohn und eine Tochter die ersten Tage nicht überlebten. Von der Geburt ihres 13. Kindes, Georg Friedrich, konnte sich Louise Margarete nur schwer erholen. Zunehmend hatten die alljährlich durchlebten Schwangerschaften und Geburten und die zahlreichen Ortswechsel an den Kräften der Frau gezehrt. Als sie kurz vor Weihnachten, am 18. Dezember 1698, starb, hatte sie fast 17 Jahre lang jährlich im Wochenbett gelegen. Johanna Magdalena war zu diesem Zeitpunkt acht Jahre, Louise Margaretes jüngster Sohn zwei Jahre alt.

Ihren Vater wird Johanna Magdalena nicht oft gesehen haben. Ein persönliches Verhältnis zu dem Mann, der ihr Vater war, konnte sich schwerlich entwickeln und war wohl auch zu damaliger Zeit nicht üblich. Vermutlich sah sie ihn lediglich in Uniform, wenn er bei seiner Rückkehr von einem Feldzug begrüßt und dann schon bald wieder verabschiedet wurde. Einen Einfluss auf das tägliche Leben der Kinder wird er kaum gehabt haben. Dennoch war er eine prägende Figur ihrer Kindheit, das Fundament der gesamten Familie. Seine Berichte von den Feldzügen, an denen er teilgenommen hatte, und seine Eindrücke aus den unbekannten Ländern, durch

13 Schmidt: Schönhausen, S. 82 ff.

die ihn der Weg geführt hatte, werden die Kinder beeindruckt haben. Da der Witwer den reichen Kindersegen in Küstrin nicht angemessen versorgen konnte, ging es für die Geschwister zurück nach Schönhausen, wo sie in die Familie von Vetter August II. aufgenommen wurden.

1.3 Eine unruhige Jugend

Anna Sidonia, der ältesten, jetzt 14-jährigen Tochter fiel die Aufgabe der Ersatzmutter für die fünf jüngeren Schwestern und den jüngsten Bruder zu. Aus dieser Rolle fand sie nicht mehr heraus. Sie blieb unverheiratet und starb früh mit 37 Jahren.

Zusammen mit ihren beiden älteren Brüdern werden die sechs jungen Mädchen bereits in Küstrin am Schulunterricht teilgenommen haben. In Schönhausen trat auch der Vetter August Friedrich mit in die Schulrunde. Zum Unterricht wurde ein Hofmeister engagiert, von dem die Kinder die Grundfertigkeiten des Lesens und Schreibens, ein wenig Rechnen, Geographie und Geschichte lernten. Auch Französisch stand auf dem Programm; alle Schwestern unterzeichneten ihre Briefe ein Leben lang mit („née) de Bismarck". Johanna Magdalena beschäftigte sich auch mit lateinischen Texten. Die von den drei Schwestern – Sophia Louise, Bartha Elisabeth und Johanna Magdalena – erhaltenen Nachrichten weisen gleichmäßige Schriftzüge auf, sie sind gewandt im Ausdruck, die Orthographie ist bisweilen eigenwillig. Groß- und Kleinschreibung differiert auch innerhalb eines Briefes, war aber zum damaligen Zeitpunkt noch weitgehend in das Belieben der Schreibenden gestellt. Den Briefen ist anzusehen, dass die Schwestern häufig zu Papier und Feder griffen. Die Briefe von Johanna Magdalena und Sophia Louise wirken flüssig. Sophia Louise liebte barocke Schwünge, Bartha Elisabeths Schriftzüge erscheinen eher steif.

Neben dem gemeinsam mit den Brüdern erarbeiteten Wissensstoff lernten die Mädchen auch die typisch weiblichen adligen Fertigkeiten: Sticken, Weißnähen und – wie sich später zeigen wird – auch Spitzen klöppeln. Sicherlich wird auch Zeichnen, Musizieren und Singen auf dem Programm gestanden haben.

Die beiden älteren Brüder absolvierten im Anschluss an den Schulunterricht zunächst einige Semester an verschiedenen Universitäten und traten anschließend in den Militärdienst ein. Der Älteste, Busso Valentin, der beim Tod seiner Mutter bereits 16 Jahre alt war, ging 1699 zum Studium an die Universität Frankfurt/Oder.[14] 1714 war sein Leben bereits beendet: Er fiel als preußischer Leutnant in den Niederlanden. Sein jüngerer Bruder Ludolf August studierte einige Semester in

14 von Bismarck: Stammbuch, Nr. 132.

Halle[15] und trat anschließend in die brandenburgisch-preußische Armee ein. Nach Verdiensten im Feldzug gegen Schweden wurde er 1718 zum Oberst befördert. Auch der jüngste Sohn in der Reihe der Nachkommen, Georg Friedrich, erwarb in Militärdiensten 1724 den Rang eines Leutnants.[16]

Ein Jahr nach dem Tod der Mutter, am 20. Januar 1700, heiratete Johannas Vater erneut und schloss die Ehe mit Margareta Helene von Wulffen a.d.H. Tempelberg. Im Dezember des Jahres brach er zu einem der Glanzpunkte seiner militärischen Karriere auf: zur Königskrönung des Kurfürsten Friedrich III. in Königsberg. Die Krönung hatte einen langen Vorlauf gehabt, bis der Kaiser im November 1700 endlich sein Einverständnis zur Erhöhung des souveränen Herzogtums Preußen zum Königreich gegeben hatte. Langjährige Verhandlungen mit Wien endeten in der kurfürstlichen Verpflichtung, Habsburg im Kriegsfall mit einem Truppenkontingent zu unterstützen und bei der nächsten Kaiserwahl zu Gunsten eines habsburgischen Kandidaten zu votieren. Bereits einen Monat später brach ein Tross mit rund 30.000 Pferden zu den Krönungsfeierlichkeiten in Königsberg auf, und am 18. Januar 1701 setzte der ehrgeizige Kurfürst sich selbst und seiner Gemahlin die Krone auf. Kirchliche Weihe und Salbung folgten erst im Anschluss. Da die Königswürde nur für Preußen galt, konnte sich der neue König Friedrich I. lediglich „König in Preußen" nennen. Mit anwesend bei den opulenten und kostspieligen Krönungsfeierlichkeiten war Christoph Friedrich. Nicht er, sondern der Historiker Gottfried Traugott Gallus beschrieb gegen Ende des 18. Jahrhunderts die Konsequenzen für die Bevölkerung: Der König „schwelgte, unterdessen daß Tausende des elendesten Hungerthodes starben. Die Unterthanen versanken unter der Schwere der Abgaben; der Hof versank unter der Bürde von Festen."[17] Von ihrem Vater werden die sechs Schwestern andere Schilderungen gehört haben.

Während Christoph Friedrich in Königsberg der Entstehung des Königreichs Preußen beiwohnte, erlebten seine Töchter in Schönhausen die Fertigstellung des wieder aufgebauten Schlosses. 1701 wurde der dreistöckige Bau mit hohem Walmdach und dicken Mauern vollendet. Johanna Magdalena wanderte durch die hohen Räume, an deren Decken üppige Stuckaturen prangten, bewunderte die mit holländischen Fliesen verzierten Kamine, die Ölgemälde der Vorfahren und die dunklen Landschaftsbilder. Mit ihren Schwestern tobte sie durch die Räume, die mit behäbig schlichten Möbeln ausgestattet waren und wunderbare Winkel und Ecken zum Versteckspiel boten.

Noch einmal wurde Christoph Friedrich Vater, als Margareta Helene 1702 in Küstrin eine Tochter gebar, deren Leben jedoch bereits 1705 endete. Groß war das

---

15 Ebd.: Nr. 133; Engelberg: Die Bismarcks, S. 142 ff.

16 von Bismarck: Stammbuch, Nr. 147.

17 Korff/Ranke (Hg): Preussen, S. 114.

Abb. 4 Schloss Schönhausen I., 1701

Unglück, als am 24. Dezember 1704 Christoph Friedrich verstarb. Zuvor hatte er von König Friedrich I. noch das Patent als Generalmajor erhalten. Im Sommer des Jahres befiel ihn eine *Leibesschwachheit,* gegen die die hinzugezogenen Mediziner nicht zu helfen wussten.[18] Zwei Leichenpredigten der Pastoren zu Schönhausen Becker und Winkler, eine des Pastors zu Glaso sowie eine Abdankungsrede Christian Davids von Sydow aus Küstrin führten der trauernden Familie Christoph Friedrichs militärische Erfolge als Offizier unter den beiden Potentaten Kurfürst Friedrich Wilhelm und König Friedrich vor Augen:

Als Offizier habe er *in vielen Feld-Treffen und Belagerungen / so wol bey denen Schwedischen invasionen als Ungarischen und Frantzösichen Kriegen / sein Leben vor deß Vaterlandes Wollfahrt offtermahls feil getragen / wie mann die undisputirliche Zeugniße / von dem mit Ketten am Himmel gebundenen Stralsund / mit Türcken-*

18 Otto von Bismarck-Stiftung, Standort Friedrichsruh, Bestand N: Familiengeschichte Nr. 7. Gedächtnispredigten und Nachrufe. Hier: Gedächtnispredigt des Johann Theodor Becker, Stendahl 1705, Personalia.

Blute annoch befeuchteten Ofen und von Frantzösichen Joche befreyten Bonn und Keyserswerth / und andern Orten mehr / hernehmen kan.[19]

Aufgrund seiner Tapferkeit sei er vom Landesherrn mit dem Gnadenkreuz beschenkt worden, *welches als eine Marque der Tugend und Tapfferkeit / die Bismarckische Familie jederzeit als ein Heyligthum Conserviren wird.*[20]

Ausführlich beschrieb David von Sydow seine menschlichen Qualitäten: *Gottesfurcht* [...], *außnehmende Freygebigkeit* [...], *Grosmühtigkeit* [...], *wollgeprüfete Gedult bey seinen langwierigen Kranckheiten* [...] und *angebohrne Redligkeit* [...] .[21]

Beigesetzt wurde der *Kriegesheld, General-Major zu Fuß und Commendante der Veste Cüstrin* am 21. Februar 1705 *bey Volkreicher Versammlung in seinem Hoch-Adelichen Ruhe-Gewölbe* zu Schönhausen.[22]

Abb. 5 Epitaph Christoph Friedrich I. von Bismarck, 1704

Zurück mit dem Gnadenkreuz blieben seine sechs Töchter und drei Söhne sowie das *aller jüngste Fräulein Tochter* Anna Margarete. Ein Epitaph, das zur Erinnerung in der Kirche zu Schönhausen errichtet wurde, zeigt den Kriegshelden mit lockiger Perücke, darüber zwei Engel, die das Bismarck'sche Wappen halten.

19 Ebd.: Abdankungsrede von Sydow, S. 5,6.
20 Ebd.: Abdankungsrede von Sydow, S. 12.
21 Ebd.: Abdankungsrede von Sydow, S. 7–10.
22 Ebd.: Leichenpredigt Pastor Joachim Heinrich Winckler, Deckblatt.

Abdanckungs-Rede/
Bey
Abführung der Leiche/
Des
Wollseel. weyland Wollgebohrnen Herren/
Herren
Christoph Fride-
richs von Bismarck/
Sr. Königl. Majestät in Preussen/
Wollbestalten GENERAL MAJORS zu Fuß/
und COMMENDANTEN
der Veste Cüstrin/
Auff
Schönhausen/ Fischbeck und Rehnitz
Erb-Herrn/
Am 13ten Februarii 1705.
gehalten
Von
CHRISTIAN DAVID von Sydow.
Cüstrin/
Gedruckt bey Gottfried Heinichen/ Königl. Neumärckis. Regier. Buchdr.

Abb. 6 Leichenpredigt David von Sydow, 1705

Nach dem Tod ihres Ehemannes und ihrer eigenen Tochter lebte Margareta Helene mit vier Stiefkindern weiterhin in Küstrin. Die beiden ältesten Stieftöchter, Anna Sidonia und Sophia Louise – inzwischen 20 und 19 Jahre alt –, halfen bei der Versorgung des Haushalts und kümmerten sich um die beiden Jüngsten, die neunjährige Charlotta und den achtjährigen Georg Friedrich. Für die drei mittleren Schwestern fand sich eine neue Bleibe in evangelischen Damenstiften. Für Bartha Elisabeth hatte der Oberst von Bismarck bereits 1697 eine Expektanz im Damenstift Cappel bei Lippstadt erwirkt.[23] Bis dort eine Stelle frei wurde, zog sie als Hofdame nach Wolfenbüttel. Johanna Magdalena hatte eine Anwartschaft auf eine Expektanz im Stift Fischbeck an der Weser. Die jüngere Schwester Beata wartete auf ihren Eintritt in das Damenstift St. Marien zu Lippstadt.

23 ASF: IV.a.1.

2. Kapitularin im Stift Fischbeck

2.1 Von der Elbe an die Weser, 1705

Für Johanna Magdalena traf es sich gut, dass die jüngere Schwester ihrer Mutter, Elisabeth Marie von der Asseburg, dem Stift Fischbeck seit 1701 als Äbtissin vorstand. Vermutlich war sie die Patin von Johanna Magdalena, jedenfalls scheint sie schon früh dafür gesorgt zu haben, dass ihre Nichte auf die Liste der Anwärterinnen gesetzt wurde. 1705 erhielt Johanna Magdalena die offizielle Expektanz und zog zu ihrer Tante an die Weser.

Vermutlich traten die drei Schwestern die mehrere Tagesreisen währende Fahrt gemeinsam an. Zunächst ging es auf der Elbe nach Magdeburg und von da aus nach Hannover, wo sich die Wege der Schwestern trennten. Jede nahm eine andere Richtung, um ihr Ziel zu erreichen, für Johanna Magdalena führte der Weg an die Weser. Wir wissen nicht, wie es Johanna Magdalena erging, als sie ihre Heimat an der Elbe und ihre in Küstrin verbliebenen Geschwister verließ und sich zuletzt von ihren mitreisenden Schwestern trennte. Mit 15 Jahren wird sie keine ausgeprägten Vorstellungen von ihrer Zukunft gehabt haben. Ob sie die Vorzüge einer gesicherten Existenz in einem Damenstift gegen das Dasein einer Ehefrau mit der ständigen Bedrohung eines Todes im Kindbett gegeneinander abgewogen hat, ist nicht sehr wahrscheinlich. Das sind Überlegungen, die einer heutigen Sichtweise geschuldet sind. Für eine junge Waise der damaligen Zeit war Widerspruch gegenüber der von ihrem Vormund gewählten Versorgungsmöglichkeit eher unwahrscheinlich.

Immerhin können wir uns aber ihr Erstaunen vorstellen, als sie beim ersten Blick auf ihre neue Wirkungsstätte festgestellt haben wird, dass der Westriegel der Fischbecker Stiftskirche ein größeres Abbild des ihr vertrauten Schönhauser Kirchturms war. Die romanische Patronatskirche von Schönhausen, die nach dem Vorbild der Klosterkirche von Jerichow errichtet und 1212 geweiht worden war, verfügte wie die 1234 nach einem Brand wieder aufgebaute Fischbecker Stiftskirche über eine dreischiffige romanische Basilika und einen Querriegel, der sich trutzig und festungsartig gegen Westen erhebt. So war im ostelbischen Schönhausen mit dem Turm noch etwas von „jenem militanten Kolonisations- und Missionsgeist Ostelbiens zu verspüren".[24] Und auch in Fischbeck erinnert der fast ungegliedert und fensterlos aufragende Westriegel noch an eine Wehrkirche, die der Bevölkerung Zuflucht in kriegerischen Notzeiten bieten konnte. Gleichzeitig stellten die starken Mauern einen symbolischen Schutz gegen die gefürchteten aus dem

24 Engelberg: Die Bismarcks, S. 62.

Abb. 7 Stift Fischbeck, 1850

Westen vordringenden „Mächte der Finsternis“ dar. Und noch etwas wird Johanna Magdalena vertraut gewesen sein. So wie ihr Heimatort unweit der Elbe lag, zog auch am Stift Fischbeck in geringer Entfernung die Weser vorbei. Alte und neue Heimat standen über einen Strom mit der Außenwelt in Verbindung.

Äbtissin Elisabeth Marie von der Asseburg[25] wird sie nach der langen Reise in Empfang genommen und mit den Gebäuden des Stifts vertraut gemacht haben. Um 1705 fand Johanna Magdalena ein noch weitgehend von den ursprünglichen monastischen Erfordernissen geprägtes Bauensemble vor. Ein vierflügeliger Kreuzgang umfasste einen als Friedhof genutzten Innenhof mit Reihen von schlichten Holzkreuzen, die an die Verstorbenen erinnerten. Im Norden schloss sich die Kirche an, im Osten die alte Abtei, jetzt Wohnung einer Stiftsdame, im Süden der Remter mit der Küche im Erdgeschoss und im Westen der gewaltige ehemalige Schlafsaal der Nonnen. An das Nord- und Südende des Nonnenschlafsaals fügten sich zwei Einzelhäuser an, in denen einzelne Stiftsdamen standesgemäß residierten. Zwei weitere Häuser befanden sich östlich der Klausuranlage.

25 Elisabeth Maria von der Asseburg a.d.H. Neindorf und Falckenstein (1659–1717).

Abb. 8 Dorfkirche St. Marien Schönhausen, Westriegel

Südlich des Klausurbezirks war 1673 ein zweites Abteigebäude errichtet worden. In diesem Gebäude fand Johanna Magdalena für die nächsten Jahre eine Unterkunft. Ein späterer Bericht vermittelt einen Eindruck von dem Bauwerk:

Es war ein sehr altes, kleines Haus aus Fachwerk mit niedrigen kleinen Zimmern und Fenstern, es mußte aus sehr alter Zeit stammen, doch fand sich leider keine Jahreszahl. Man konnte aber daraus sehen, wie bescheiden die Ansprüche unserer Vorgängerinnen waren.[26]

Einem Inventar von 1717 zufolge verfügte das Fachwerkhaus über eine große Stube und eine Gaststube, die an einer Diele lagen, sowie über eine hinterste Stube.[27] Im Obergeschoss der Abtei befanden sich zwei Fremdenstuben. Eine davon wird Johanna Magdalena bewohnt haben. Verbunden war dieses Gebäude mit dem Remter, in dem sich die Wirtschaftsräume – Küche, Waschkammer und

26 ASF: V.b.6. Beschreibung der Äbtissin Lucie von Kerssenbrock, 1890.

27 ASF: XVII.A.a.1.

Abb. 9 Stiftskirche St. Johannis Fischbeck, Westriegel

Polterkammer – befanden. Für das Dienstpersonal werden eine Mägdestube, eine Knechtkammer und eine Gesindestube erwähnt. Ein weitläufiges mit einem Staketenzaun eingefriedetes Gartengelände erstreckte sich westlich des Schlafsaals. Verschiedene reetgedeckte kleine Häuser südlich des Klausurgevierts dienten dem Stiftspersonal als Unterkünfte.

2.2 Elisabeth Marie von der Asseburg

In den folgenden sieben Jahren lebte Johanna Magdalena im Haushalt ihrer Tante und wurde nach und nach mit den Gepflogenheiten des Stiftslebens vertraut und auf ihre künftigen Aufgaben vorbereitet. Geboren war Elisabeth Marie auf der Burg Falckenstein im Unterharz (südöstlich von Quedlinburg), einem Lehen der Bischöfe von Halberstadt, dort, wo auch Johannas Mutter aufgewachsen war. Beide, die Äbtissin und ihre Nichte, teilten das gleiche Schicksal. Auch Elisabeth Maries Eltern waren früh verstorben und die junge Frau hatte zunächst einige Jahre bei

Abb. 10 Stift Fischbeck, Kreuzgang

ihrem Bruder, dem Domherrn des Hochstifts Halberstadt[28] Hieronymus August von der Asseburg, gelebt. Verschiedene Besuche führten Elisabeth Marie zu ihrer Tante, der Äbtissin von Fischbeck Elisabeth Sidonie von Arenstedt, einer Schwester ihrer Mutter Anna Margaretha. Elisabeth Marie erwarb eine Expektanz, wurde 1693 auf eine vakante Stiftsstelle eingeführt und 1701 zur Äbtissin gewählt.

Zu Beginn ihrer Amtszeit kümmerte sie sich zunächst um die maroden Baulichkeiten, die noch die Spuren der Verwüstungen des Dreißigjährigen Krieges zeigten. Als Erstes ließ sie ihr Wohngebäude komplett umbauen und renovieren. Später wird Pastor Steding[29] in seiner Leichenpredigt die Tatkraft der Verstorbenen rühmen, die die Stiftsgebäude *theils neu erbauen, theils in einen weit commodern und bessern Stand* (habe) *setzen* lassen.

Als Vorsteherin einer geistlichen Gemeinschaft war die Äbtissin ein Beispiel nachreformatorischer Frömmigkeit. Steding berichtet, dass sie niemals einen Gottesdienst oder eine Chorstunde versäumt und alle Predigten auswendig niederge-

28 Das ehemalige Fürstbistum Halberstadt war nach dem Dreißigjährigen Krieg an Brandenburg-Preußen gefallen und in ein weltliches Herzogtum umgewandelt worden, in dem ein evangelisches Domkapitel noch bis 1810 weiter bestand.

29 Hermann Gerhard Steding (1655–1737). Der in Hessisch Oldendorf geborene Pastor Steding stammte aus einer eingesessenen Pastorenfamilie; bereits sein Großvater und sein Vater waren Superintendenten der Grafschaft Schaumburg. Vgl. Oldermann: Stiftsprediger, S. 249 f.

Abb. 11 Stift Fischbeck, Küchenhof mit Nonnenschlafsaal, 1880

Abb. 12 Ausschnitt aus der Stammtafel der Äbtissin von der Asseburg, 1693

schrieben habe, um sie in den folgenden Tagen zu repetieren. Von der Wirkmächtigkeit des Gebets der Äbtissin Elisabeth Marie vermutete Pastor Steding sogar: *Mit*

Dero eiferigem Gebet für die beständige Wolfahrt hiesigen Stiffts hat Sie gewiß wol manches Unglück abgewendet und hingegen wol manchen Segen erhalten.[30]

In den Regalen der Wohnstube ihrer Tante fand Johanna Magdalena zahlreiche Bücher vor, darunter verschiedene Ausgaben der Heiligen Schrift, Predigtsammlungen, Psalmenauslegungen, Haus- und Handpostillen. Als ältestes Werk bewunderte sie das Kleine Gebetbuch Thomas von Kemptens. Unter den Bibeln stieß sie auf eine Lüneburgische, eine Hildesheimische und mehrere Hallesche Bibeln in unterschiedlichen Formaten, die davon kündeten, dass Kapitularinnen aus verschiedenen Landesteilen ins Stift gezogen waren und ihre heimischen Bibelausgaben mitgebracht hatten. Die Predigtbücher und Gesangbücher zeugten von häufigem Gebrauch und waren schon durch viele Hände gegangen. Auch Elisabeth Marie von der Asseburg hatte bereits einen Bücherschatz vorgefunden, der wiederum von ihrer Tante, der Äbtissin Elisabeth Sidonie von Arenstedt, stammte.

Ein ganzes Bord besetzten die Werke Martin Luthers. Daneben standen die Werke Johann Arndts, von dem die Äbtissin fünf Bände ihr Eigen nannte. Arndt gilt als Schöpfer der einflussreichsten Andachtsliteratur des deutschen Luthertums. Die Ausgaben des „*Paradies Gärtlein(s) voller Christlicher Tugenden*" und die „*Vier Bücher vom Wahren Christenthum*" zählten zu der beliebtesten Lektüre der zu Beginn des 17. Jahrhunderts einsetzenden Frömmigkeitsbewegung. Der als protestantischer Mystiker geltende Arndt war einer der Wegbereiter der Theologie August Hermann Franckes.

Weitere Protagonisten der norddeutschen Frömmigkeitsliteratur – Joachim Lütkemann, Theodor Undereyck und Johannes Lassenius – waren mit Erbauungsliteratur vertreten, die so verheißungsvolle Titel wie „*Vorgeschmack göttlicher Güte*", „*Des Sünders Wander-Stab*" oder „*Bibelscher Weyrauch*" trugen, sich aber auch mit konkreten sozialen und sittlichen Verhältnissen befassten.

2.3 Elf Mitschwestern

Nach ihrem Einzug in das Haus ihrer Tante musste sich Johanna Magdalena zunächst an die vielen neuen Gesichter gewöhnen. Das Kapitel umfasste neben der Äbtissin elf weitere wesentlich ältere Kapitularinnen. Johanna Magdalena war bei ihrem Einzug erst 15 Jahre alt. Zu der mit 36 Jahren jüngsten Stiftsdame Sophie Gertrud von Münchhausen bestand ein Abstand von 20 Jahren. Die älteste Mitschwester war mit 58 Jahren Sophia Maria von Haus, und auf die längste Verweildauer im Stift schaute Anna Elise von Bornstedt zurück, die 1673 mit 15 Jahren eingeführt worden war. Es ist zu vermuten, dass Johanna Magdalena sich zunächst recht einsam fühlte

30 ASF: XXX.b.3. Steding: Leichenpredigt, 1717, S. 62.

und ihre gleichaltrigen Schwestern vermisste. Klagen werden nicht über ihre Lippen gekommen sein, ihr wird bewusst gewesen sein, dass sie für eine lebenslängliche Versorgung dankbar zu sein hatte.

Die Herkunftsorte der Kapitularinnen waren recht unterschiedlich.[31] Zwei Frauen – Sophia Maria von Haus und Anna Elise von Bornstedt – kamen aus Hessen, wo die Väter im Dienst des Landgrafen standen. Der Vater von Maria Magdalena von der Kuhla war Domherr zu Bremen und schwedischer Landrat. Sophie Gertrud von Münchhausens Vater auf Schwöbber übte das Amt des schaumburgischen Ritterschaftsdeputierten aus. Der Vater ihrer Cousine Anna Dorothee von Münchhausen residierte als braunschweig-lüneburgischer Drost zu Aerzen und Coppenbrügge. Victoria Dorothea von Uffeln hatte einen braunschweigischen Oberstwachtmeister zum Vater. Die Väter der weiteren fünf Frauen lebten als Erbherren auf adligen Landsitzen in Schaumburg, Hildesheim, Sachsen und Thüringen.

In den folgenden Jahren kam immer wieder Bewegung in die Zusammensetzung des Kapitels: Sophia Maria von Haus starb 1708 mit 62 Jahren und im folgenden Jahr war auch das Leben von Victoria Dorothea von Uffeln mit 46 Jahren beendet. Ursula Dorothea von Hanstein verheiratete sich 1709 mit einem Herrn von Winzingerode. Sophie Gertrud von Münchhausen und Anna Dorothee von Ditfurth resignierten 1706 und 1709. Beide Damen hatten die ihnen gewährten Freiheiten großzügig ausgelegt und sich in enge Beziehungen zu männlichen Standespersonen begeben. In beiden Fällen wurden allerdings die Hoffnungen der jungen Frauen auf eine dauerhafte Beziehung enttäuscht, was nicht nur bei den Betroffenen, sondern auch bei der mit diesen Schicksalen befassten Äbtissin von der Asseburg viele Tränen fließen ließen.

Jahr für Jahr traten anstelle der Ausgetretenen und Verstorbenen neue junge Adlige in das Kapitel ein, so dass die Zahl von zwölf immer gewahrt blieb. Um die Gemeinschaft auf dem gewünschten Stand zu halten, war die Äbtissin vollauf beschäftigt. Ständig erreichten sie Bittschreiben von Müttern, Vätern oder Vormündern, die um eine Expektanz für ihre überzähligen Töchter oder unversorgten Mündel baten. Nach interner Überprüfung der Herkunft der Bittsteller gewährte die Äbtissin der einen oder dem anderen eine Audienz, um einen Einblick in die Familienverhältnisse zu erlangen.

Zentraler Punkt bei der Vergabe einer Stiftsstelle war der Nachweis von 16 adligen Vorfahren, den jede Kapitularjungfer in Form einer Stammtafel erbringen musste. Zu Beginn des 17. Jahrhunderts hatte es sich Fürst Ernst zu Schaumburg und Holstein zur Aufgabe gemacht, die bereits 1559 durch seinen Vorgänger Graf Otto IV. eingeführte Reformation im Stift Fischbeck zum Abschluss zu bringen. Er verfügte die Einführung der deutschsprachigen Liturgie im Gottesdienst und die

31 S. Anhang.

Abschaffung des traditionellen Nonnenhabits, um so die letzten Merkmale katholischer monastischer Tradition abzuschaffen. Ein 1621 mit dem Stift geschlossener Vertrag hatte zudem den Adelsnachweis als Voraussetzung für die Aufnahme in den Konvent festgesetzt: *Und dann die jenne, so hinein zu verstatten, ihre 16 ahnen zu beweisen schuldig sein.*[32] Fortan war die Darstellung von Familienwappen von zentralem Stellenwert bei der Aufnahme neuer Kandidatinnen.

Viele Kapitelsitzungen vergingen, bis sich alle Anwesenden auf eine neue Anwärterin einigen konnten. Die einen wollten eine weitere Landestochter, die anderen eine Nichte oder Großnichte auf der begehrten Stiftsstelle. Während die von Münchhausen eine von Münchhausen nach sich zog, sorgte eine von der Kuhla für ihre Nichte gleichen Namens. Und das neue Fräulein von Linsingen war eine Nichte der Franzeline von Zerssen. Viele Briefe wanderten hin und her, Anwartschafts- und Expektanzgelder mussten aufgebracht werden, bis der Wunsch in Erfüllung ging, einer Tochter den ersehnten Einzug in das Kapitel zu ermöglichen. Bei der endlich erreichten Einführung mussten noch einmal Statutengelder bezahlt und eine Willkommensfeier ausgerichtet werden.

Die erste Einführung, die Johanna Magdalena im März 1706 erlebte, war die von Charlotte Elisabeth von dem Bussche[33] aus dem Fürstentum Minden, wo ihr im Jahr zuvor verstorbener Vater die Stellung eines Drosten zu Hausberge und Regierungsrats zu Minden innehatte. Geboren war das Fräulein von dem Bussche auf dem Schloss Haddenhausen.

Als Charlotte Elisabeth im Alter von knapp acht Jahren außerhalb der Reihe eingeführt wurde, versammelten sich elf Kapitularjungfern, Äbtissin von der Asseburg und als Dreizehnte Charlotte Elisabeth im Remter. Der tatsächliche Einzug ins Stift fand jedoch erst statt, als die junge Kapitularin 15 Jahre alt war. Die Kosten der Familie von dem Bussche für die standesgemäße Unterbringung und Versorgung ihrer Tochter betrugen insgesamt 425 Reichstaler.[34] Offensichtlich war die Familie wohlhabend genug, um sich später auch noch an der Finanzierung eines neuen Wohnhauses für Charlotte Elisabeth zu beteiligen. Die Investitionen lohnten sich: Im Jahr 1737 wurde sie zur Äbtissin gewählt.

Zwei Jahre nach der Aufnahme Charlotte Elisabeths, 1708, folgte die Einführung der Tochter des Großvogts zu Wolfenbüttel, Anna Louise von Münchhausen.[35] Dazu ist im Hausbuch vermerkt: *Frl. Anna Louise v. Münichausen auß dem Hause*

---

32 NLA Bü: L 1, Nr. 3153, 1621 Januar 15.

33 Charlotte Elisabeth von dem Bussche a.d.H. Haddenhausen (*1698, Äbt. 1737–1753).

34 Zum Vergleich: Der Neubau des im Jahre 1695 erbauten zweiten Pfarrhauses kostete 467 Reichstaler.

35 Anna Louise von Münchhausen a. d.H. Apelern und Nienfeld (*1682 [1708–1746]).

Abb. 13 Schloss Haddenhausen

Apelern ist aufgeschworen den 18. Julii 1708 auff der Frl. Haus ihrem todtdeßfall, hat eine von die Neuen Stuben auf dem Remter gekricht.[36]

Sie war acht Jahre älter als Johanna Magdalena und beide teilten ein ähnliches Schicksal: Johanna Magdalena hatte mit acht Jahren ihre Mutter und mit 14 Jahren ihren Vater verloren, Anna Louises Eltern verstarben, als sie 14 und 15 Jahre alt war. Die folgenden Jahre verbrachte Anna Louise bei ihrer ältesten Schwester Gertrud Sophie Marschall von Bieberstein[37] in Bennstedt bei Halle. Ihr zwei Jahre älterer Bruder Hieronymus lebte in Wolfenbüttel, eine zweite Schwester namens Christiane Elisabeth im Stift Steterburg, wo sie später Äbtissin wurde. Die beiden jungen Frauen wurden Freundinnen, lasen gern und besprachen ihre Lesefrüchte bei Spaziergängen durch den Stiftsgarten.

36 ASF: XXX.a.2. Hausbuch der Äbtissinnen, S. 158.

37 Gertrud Sophie von Münchhausen (1674–nach 1737) ∞ 1690 Christian Marschall von Bieberstein (1662–1721) auf Bennstedt und Vitzenburg, Hofrat zu Wolfenbüttel.

2.4 Einführung als Kapitularin, 1712

Neben der Verpflichtung, die Wünsche der Kapitularinnen mit den Interessen des Stifts in Einklang zu bringen, sorgte Äbtissin Elisabeth Marie von der Asseburg für eine bessere und zeitgemäße Ausstattung der Stiftskirche. Dafür griff sie auch tief in den eigenen Geldbeutel wie Pastor Steding vermerkt: *Das Gottes-Haus hat Sie ja nicht nur von gemeinen Stiffts-Intraden schön auszieren und verbessern lassen* [...], *sondern auch aus eigenen Mitteln dasselbe mit einem schönen gantz neuen Altar beschenket und gezieret.*[38]

1709 konnte ein neues barockes Altarretabel auf dem Hochchor eingeweiht werden. Eine Inschrift auf der Rückseite erinnert an die Stifterin, die das Retabel *aus ihren eigenen Mitteln zur Ehre Gottes* finanzierte. Und als weiteres Monument der Erinnerung an die Stifterin krönt bis heute ein prächtiges Familienwappen den Altar. Protestantische Frömmigkeit verband sich auf diese Weise sinnfällig mit adligem Repräsentationsbedürfnis. 1710 beauftragte Elisabeth Marie zudem einen Bildschnitzer aus Halberstadt mit der Erneuerung der Kanzel. Über Beziehungen nach Halberstadt verfügte die Äbtissin durch ihren Bruder Hieronymus August, der als Domherr des Hochstifts den Bildschnitzer vermitteln konnte. Hieronymus August war nach ihrem Eintritt ins Stift ein enger Vertrauter Elisabeth Maries geblieben, mit dem sie in brieflichem Kontakt stand.

In der nun im barocken Glanz erstrahlenden alten Stiftskirche fand 1712 Johanna Magdalenas Einführung als Kapitularin statt. Im Hausbuch heißt es dazu: *Frölen Johanna Margareta* [!] *von Bißmarck auß dem Hause Schönhausen hat Exspectans gekricht 1705,* [...] *ist auffgeschworen 1712 den 17 Augustii.*[39]

Sie folgte auf Elisabeth Sophie von Linsingen, die Ernst Heinrich von Westernhagen geheiratet und so Platz für eine Nachfolgerin gemacht hatte. Ein festliches Zeremoniell begleitete die Einführung am 17. August.[40] Mit Beginn des Glockengeläuts um zwölf Uhr begaben sich die in der Abtei versammelten Kapitularjungfern und Äbtissin Elisabeth Marie in die Kirche und nahmen dort ihre angestammten Plätze ein. Anschließend schritt Johanna Magdalena mit ihren *Cavalieren* zum Altar. Als Kavaliere, auch Aufschwörer genannt, fungierten der Kapitänleutnant des königlich preußischen Gardecorps von Münchhausen auf Oldendorf und der Rittmeister des gothaischen Gardekorps von Westernhagen auf Berlingerode. Mit Beendigung des Glockengeläuts wurde *die Orgel gerühret* und das Lied gesungen: „Kommt lasst euch den Herren lehren".

---

38 ASF: XXX.b.3. Steding: Leichenpredigt, 1717, S. 63.

39 ASF: XXX.a.2. Hausbuch der Äbtissinnen, S. 160.

40 ASF: XXX.a.2. Hausbuch der Äbtissinnen, überliefert durch Äbtissin von Mandelsloh, 1663, S. 3. Fortsetzung durch Äbtissin von der Asseburg, S. 6.

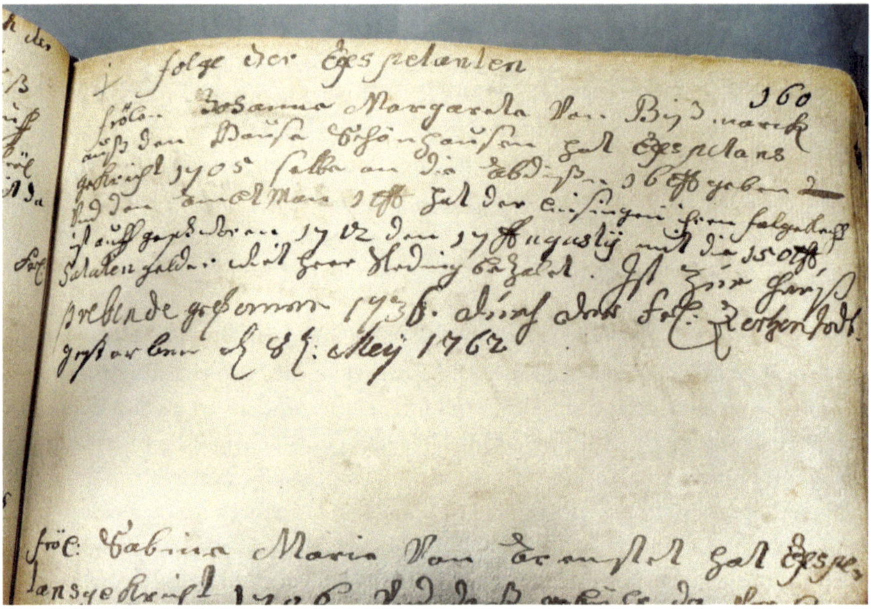

Abb. 14 Expektanz, 1705

Abb. 15 Ausschnitt aus der Stammtafel von Bismarck, 1712

Nun präsentierte der Amtmann die Stammtafel, die die Aufschwörer zu bezeugen und mit Unterschriften zu versehen hatten. Es folgte der *Sermon* des Predigers, der seinen Abschluss in dem Gesang „Nun danket alle Gott" fand. Jetzt begann die eigentliche Einkleidung, bei der die Äbtissin Johanna Magdalena eine schwarze Florkappe aufsetzte und alle Anwesenden der neuen Mitschwester Glück wünschten. Während die Orgel *dumpf ertönte*, beschloss ein erneuter Gesang die Zeremonie. Anschließend fanden sich alle Gäste zum Festmahl auf dem Remter ein. Zu den Gästen Johannas könnten die beiden in der näheren Umgebung lebenden Schwestern gehört haben: Bartha Elisabeth aus Wolfenbüttel und die jüngere

Beata aus dem Stift Lippstadt. Dass auch die Verwandtschaft aus der Altmark, die Stiefmutter, die Brüder oder der Onkel August auf Schönhausen die weite Reise gemacht haben werden, ist nicht wahrscheinlich. Die Schwestern wurden bei den vor Ort wohnenden Hausdamen einquartiert, die dafür von der neuen Chorschwester zum Nachmittagskaffee für jede *Herrschaftsperson* zwei Lot Kaffee und neun Stück Zucker, Butterkuchen und zwei Wachslichte erhielten. Äbtissin von Arenstedt hatte während ihrer Amtszeit strenge Vorschriften erlassen und bestimmt, dass bei der Einführung keine große Gesellschaft gehalten werden solle. Nur diejenigen Personen, die notwendig seien, um den Ritus zu vollziehen, sollten anschließend auf Kosten der Neuen bewirtet, die übrigen Kapitularjungfern dagegen *nicht mit tractiret* werden. Aufzeichnungen von späteren Einführungen zeigen allerdings, dass sich diese Vorstellungen nicht durchgesetzt haben.

Johanna Magdalena war jetzt 22 Jahre alt und erhielt den Status eines Kostfräuleins. Sie konnte zwei Stuben auf dem alten Remter ihr Eigen nennen und über persönliche Einkünfte aus der Stiftswirtschaft verfügen. Die Mahlzeiten nahm sie weiterhin bei ihrer Tante ein. Da es in Fischbeck nur vier Einzelhäuser und zwei Wohnungen im West- und Ostflügel gab, die über die notwendigen Küchen und Wirtschaftsräume verfügten, mussten sich die fünf jüngeren Kapitularinnen als so genannte Kostfräulein zu den Mahlzeiten bei den Älteren, den Hausdamen, einfinden. Entsprechend stand ihnen auch nur die Hälfte der Einkünfte zu.

Den Kapitularjungfern war das Ausreisen mit Pferd und Wagen des Stifts erlaubt, wenn die Äbtissin es genehmigte und das Gefährt nicht anderweitig benötigt wurde. Johanna Magdalena wird diese Möglichkeit genutzt haben, um zeitweise ihre Schwester in Lippstadt aufzusuchen. Es durften allerdings nur so viele Damen gleichzeitig ausreisen, dass der Gottes- und Chordienst nicht gefährdet wurde; zum Johannisfest hatten sich alle einzufinden.

Am 9. Januar 1717 starb Elisabeth Marie von der Asseburg. Ihre Beisetzung wurde mit einem im Stift herkömmlichen Zeremoniell, jedoch ohne großen Aufwand gefeiert – *Weil hier Im Lande die weitlauffigen begräbnisse verbohten sind.*[41] Zwei Tage nach ihrem Tod trugen die Leichenträger den Sarg der Äbtissin des Abends mit Fackeln durch den Kreuzgang und setzten ihn im Gewölbe unter dem Westriegel ab. Dort ruhte er, bis die Freunde und Nachbarn aus der Umgebung benachrichtigt und zur Beisetzung angereist waren. Das konnte einige Wochen dauern. Der Tag der Beisetzung begann mit einem feierlichen Gottesdienst, währenddessen der Sarkophag vor dem Altar stand, umgeben von zwölf Guéridons[42]

41 ASF: XXX.a.2. Hausbuch der Äbtissin, S. 246. Eintrag der Äbtissin von dem Bussche über den Tod der Äbtissin von der Kuhla, 1737 Januar 11.

42 Guéridon – kleiner Tisch, Beistelltisch

und zwei Pyramiden mit mehr als 100 weißen Wachslichtern.[43] Pastor Steding hielt die Leichenpredigt, woraufhin der Sarg in der Krypta abgesetzt wurde. Nach einer gemeinsamen Mahlzeit auf der Abtei für die Stiftsangehörigen wurden auch die Armen bedacht. Sie erhielten Roggenbrot und einen Anteil an einer Speckseite, die nicht unter 30 Pfund wiegen durfte. Für das Brot musste ein Malter Roggen bereitgestellt werden.[44] Den Sarg Elisabeth Maries schmückten eine Plakette mit ihren Lebensdaten und das väterliche Wappen von der Asseburg.

Abb. 16 Sargplakette, 1717

Abb. 17 Wappen der Äbtissin Elisabeth Marie von der Asseburg

Zur Nachfolgerin wählten die Kapitularinnen Maria Magdalena von der Kuhla aus dem Herzogtum Bremen. Sie war bereits seit 1684 Kapitularin, jetzt 51 Jahre alt, und bezog nun den Wohnsitz in der Abtei.

---

43 ASF: XXX.a.2. Hausbuch der Äbtissin, S. 151. Eintrag der Äbtissin von der Asseburg über das Begräbnis des Fräulein von Hauß, 1708 März 1: *Nach gehaltenen godeßdienst wart die leiche oben vor den altahr gesetzet und da bey auff 12 zeridons weise wachß lichter, und noch mehr alß 100 lichte auf 2 piramiden da neben.*

44 ASF: XXX.a.2. Hausbuch der Äbtissin, S. 306: *Vor die armen wird von 1 Malt. Rocken Brot gebaken und vertheilet, dazu eine ganse Seite Speck, die darf nicht unter 30 lb. wigen, der pförtner mus den Speck schneiden, auch die armen dazu bestellen.*

3. Begegnung mit August Hermann Francke, 1719–1724

3.1 Ein Blick in die Bücherregale

Nach dem Tod ihrer Tante übernahm Johanna Magdalena deren Büchersammlung. Kenntnis von den Schriften, mit denen sie sich beschäftigte, vermittelt das nach ihrem Tod erstellte Bücherinventar.[45] Nach Ausweis dieses Verzeichnisses waren – neben den bereits erwähnten Schriften – besonders die Werke August Hermann Franckes in großem Umfang vertreten, die offensichtlich einen großen Eindruck auf die junge Frau machten. Mit seiner „Reformation der Reformation" hatte Francke dem orthodoxen Luthertum eine verinnerlichte Religiosität entgegengestellt, die sich in privaten Konventikeln anstatt in staatskirchlichen Institutionen manifestierte. Zu diesen nach dem Vorbild der Urchristen stattfindenden Versammlungen waren Angehörige aller sozialen Schichten, Männer und Frauen, eingeladen. Zugleich setzte Francke sich für praktische Reformen im sozialen, Erziehungs- und Bildungsbereich ein. Auf das Leben und Werk dieses bald als Pietisten bezeichneten Theologen lohnt daher ein genauerer Blick.

Nach einem Studium in Erfurt und Leipzig geriet Francke aufgrund seiner vom orthodoxen Luthertum abweichenden pietistischen Gesinnung mit den kurmainzischen und sächsischen Obrigkeiten aneinander und musste deren Einflussbereich verlassen. Im Kurfürstentum Brandenburg war er dagegen willkommen und konnte 1692 eine Pfarrstelle im kurbrandenburgischen Glaucha, einer Vorstadt von Halle an der Saale, antreten. Betroffen von dem Elend der nach einer Pestepidemie 1681/82 vermehrt hier lebenden Straßenkinder und jugendlichen Waisen richtete er – getreu seiner pietistischen Gesinnung, dem christlichen Glauben auch Taten folgen zu lassen – eine Armenschule und ein Haus mit Unterkünften für Waisenkinder ein. Aus diesen ersten Anfängen in Glaucha entwickelten sich die später so genannten Franckeschen Stiftungen in Halle mit Schulen, Waisenhaus, Apotheke und Verlagswesen. Wichtig für die Erziehung junger Mädchen wurde die Einrichtung des so genannten Gynäceums, in dem junge Frauen aus bürgerlichen und adligen Familien ständeübergreifend erzogen wurden. Diese Schulgründung war insofern einzigartig, als im Normalfall Mädchen, wenn überhaupt, Unterricht im Elternhaus – oft und nur dann gemeinsam mit ihren Brüdern – erhielten. Und noch etwas war einzigartig: Jedes Kind schlief in einem eigenen Bett.

---

45 S. Anhang. Das Bücherinventar wurde bereits in meiner 2019 erschienenen Monografie „*Aus einem uralten hochansehnlichen Geschlecht entsprossen …*". Die adligen Töchter im Stift Fischbeck" publiziert.

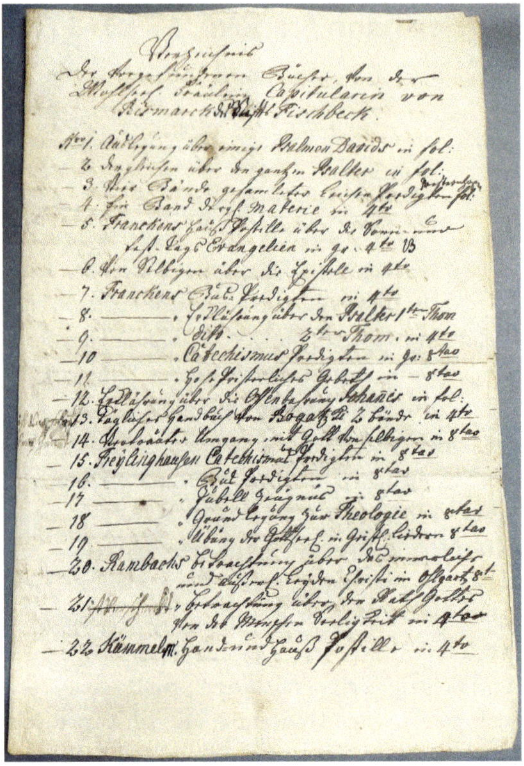

Abb. 18 Bücherinventar, 1762

Als überzeugtem Lutheraner war Francke zudem die vielfache Verbreitung der Bibel ein Anliegen, wozu er einen eigenen Verlag gründete, dem eine Buchhandlung angeschlossen war. Um dem Christentum auch weltweit zur Geltung zu verhelfen, unterstützte er durch die Entsendung von in Halle ausgebildeten Theologen das Missionswesen in Ostindien.

Zeitgleich hatte Kurfürst Friedrich III. 1694 die Universität Halle gegründet, an der August Hermann Francke zunächst eine Professur für Griechisch und orientalische Sprachen, 1698 dann auch für Theologie erhielt. Halle war erst 1680 mit dem Erzstift Magdeburg an das Kurfürstentum Brandenburg gekommen und dem reformierten Kurfürsten war mit der Neugründung daran gelegen, konfessionelle Gegensätze auszugleichen. Die Reformuniversität zog viele junge Studenten an, die sich von der Traditionsuniversität Leipzig abwendeten und sich von dem von Francke vertretenen Pietismus als Gegenströmung zur stark nach außen gerichteten lutherischen Lehre angesprochen fühlten. Auch der Erlass, dass jeder Student, der in Brandenburg-Preußen Pfarrer werden wollte, mindestens zwei Jahre in Halle

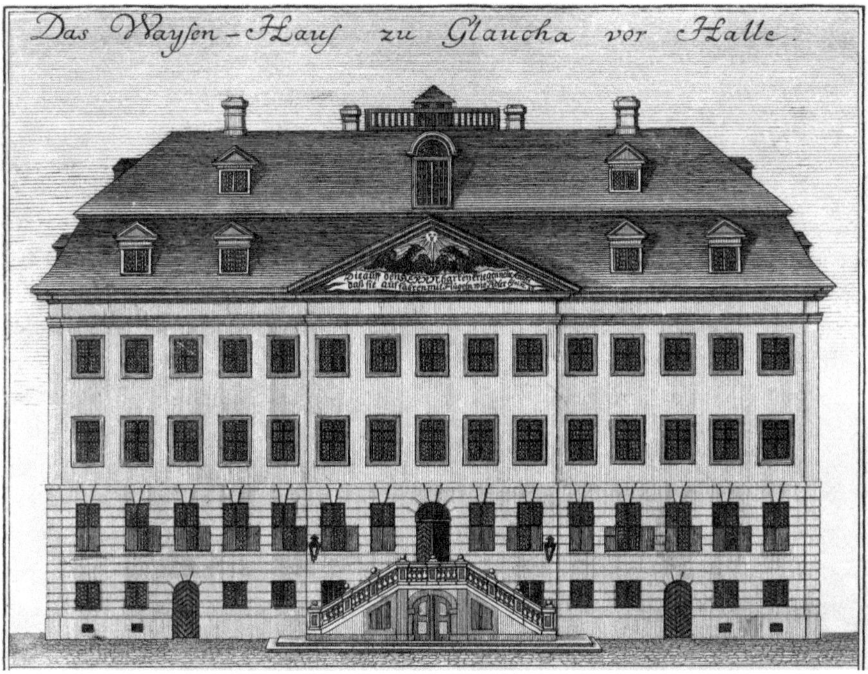

Abb. 19 Das Waisenhaus in Halle, um 1749

Theologie studieren musste, führte dazu, dass die neue Universität die meisten Immatrikulationen der damaligen Zeit zu verzeichnen hatte.

Franckes Anhängerschaft war weit über Halle hinaus verstreut, sie fand sich auch in dem ehemals geistlichen Fürstentum Halberstadt, das 1648 an den Kurfürsten von Brandenburg gefallen und ebenfalls in ein weltliches Herzogtum umgewandelt worden war. Zu Halberstadt hatte Johanna Magdalena wie gezeigt enge verwandtschaftliche Beziehungen: Äbtissin Elisabeth Sidonie von Arenstedt war die Tochter[46] und Äbtissin Elisabeth Maria von der Asseburg die Schwester[47] eines Halberstädter Domherrn, die beide zu den Anhängern Franckes zählten. Als dieser während seiner Besuche in Halberstadt im Herbst 1691 mehrfach in der Heilig-Geist-Kirche predigte, wird Hieronymus August von der Asseburg unter seinen Zuhörern gewesen sein. Sein Sohn und sein Enkel – Carl Heinrich und Friedrich Heinrich von der Asseburg – besuchten 1729 und 1764 das Pädagogium Regium in Halle, eine Einrichtung, die 1702 für junge Adlige eingerichtet worden war, um zukünftige

46 Hieronymus Brand von Arnstedt zu Otzdorf, Domherr zu Halberstadt (1595–1636).

47 Hieronymus August von der Asseburg (1664–1717).

Führungspersönlichkeiten auszubilden. So ist es nicht weiter verwunderlich, dass auch die beiden Fischbecker Äbtissinnen vom pietistischen Gedankengut berührt worden waren und die Schriften Franckes von Halberstadt aus ihren Weg nach Fischbeck gefunden hatten. Acht frühe Titel wird Äbtissin von der Asseburg angeschafft haben: *HaußPostille über die Sonn und Fest-Tags Evangelien* und *Über die Epistele,* Halle 1689, *Buß-Predigten Uber verschiedene Texte der Heil. Schrifft*, Halle 1699, *Erklährung über die Offenbahrung Johannis,* Halle 1702, und *Über den Psalter* in zwei Bänden, Stuttgart 1703. Die Vielseitigkeit ihres Interesses erhellen die Titel: *Nachrichten, Das Wäysen-Haus und übrige Anstalten hieselbst zu beurtheilen,* Halle 1710, und die akademische Schrift: *Idea studiosi Theologiae, … bestehend in einer Ansprache an die Studiosos Theologiae zu Halle*, Halle 1712.

In den folgenden Jahren blieb Johanna Magdalena nicht in der Rezeption der von ihren familiären Vorgängerinnen erworbenen Werke stecken. Die Schriften, die sie nach dem Tod ihrer Tante selbst erwarb, stammten von zahlreichen weiteren Vertretern des Halleschen Pietismus und von Vertretern des Württembergischen Pietismus.[48] So finden sich neben dem *Evangelische*[n] *Hauß-Gespräch,* Leipzig 1693, von Franckes Mitstreiter Paul Anton fünf Werke von Franckes Nachfolger Johann Anastasius Freylinghausen sowie Werke von Carl Hildebrand Freiherr von Canstein, Erdmann Heinrich Graf Henckel und Carl Heinrich von Bogatzky.[49] Zwei Hallesche Spruchkästchen, ein Hallesches Gesangbuch und ein zweibändiges Hallesches Kompendium ergänzen die Druckerzeugnisse aus Halle.

Besonders ins Auge fällt eine Schrift der Aemilie Juliane Gräfin Schwarzburg und Hohenstein:[50] *Der Freundin des Lammes Täglicher Umgang mit Gott, Bestehend In Gebet, Seufftzern und Liedern: Auf alle Zeiten, Stände und Fälle*, Leipzig 1714. Dieser Titel könnte als Programm der pietistischen Lebensführung von Franckes Anhängerinnen gelten.

Johanna Magdalena rezipierte zudem zwei Werke radikaler Pietisten des 18. Jahrhunderts: Johann Wilhelm Petersens *Lebensbeschreibung,* Halle 1719, und Gottfried Arnolds *Evangelische Reden über die Sonn- und Festtage*, Leipzig 1727. Der radikale Pietist Dr. Johann Wilhelm Petersen[51] war als Superintendent in Lübeck entlassen worden und hatte den Erlass von Edikten gegen den Pietismus 1692 in Wolfenbüttel und 1693 in Hannover nach sich gezogen. Gottfried Arnold setzte als Geschichtsprofessor in Gießen mit seinem Hauptwerk, „der Kirchen- und Ketzerhistorie", einen Meilenstein in der Geschichte der kirchlichen Historiographie. Als bedeutendster Vertreter des radikalen Pietismus von der lutherischen Orthodoxie als

---

48 Brecht: Francke, S. 440–540, und Ders.: Der Hallische Pietismus, S. 319–358.

49 Nähere Angaben zu den Autoren finden sich im Bücherverzeichnis im Anhang.

50 Juliane Gräfin Schwarzburg und Hohenstein (1637–1706) Pietistin, Liederdichterin, Gemahlin von Albrecht Anton Graf Schwarzburg-Rudolstadt.

51 Schneider: Der radikale Pietismus, S. 110 ff.

Ketzer verfolgt, wurde er 1702 zum königlichen Historiographen Brandenburg-Preußens ernannt.

Spätere Schriften Franckes in Johanna Magdalenas Besitz sind die *Gedächtnis- und Leichen Predigten,* Halle 1723, und die *Catechismus Predigten,* Halle 1726. Zwei weitere Werke stammen aus dem von seinem Sohn Gotthilf August in den dreißiger Jahren herausgegebenen Nachlass: *Schriftmäßige Anweisung Recht und Gott wohlgefällig zu Beten*, Halle 1732, und *Betrachtungen über das Hohe Pristerliche Gebeth*, Halle 1738.

Weltliche Bücher kommen bis auf ein Handbuch über *Genealogische Fragen über Teutschland* und eine Ausgabe von *Piere, frantzösche Gramaire,* in Johanna Magdalenas Büchersammlung nicht vor. Die junge Kapitularin widmete sich demnach fast ausschließlich der pietistischen Andachts- und Erbauungsliteratur. Wenn uns das heute verwundert, so darf nicht übersehen werden, dass nicht-theologische und fiktionale Literatur – so das Genre Roman – in jener Zeit noch nicht sehr weit entwickelt war. 1740 gab es unter den in Leipzig auf der Ostermesse präsentierten 755 neuen Büchern nur 20 Romane und 10 Gedichtbände.[52]

Erst 1771 sind im Büchernachlass der Kapitularin Charlotte von Halcke drei weltliche Ratgeber – ein Gartenkalender, ein Arzneibuch und ein so genannter Frauenzimmerkalender – auszumachen.[53] Die 1780 verstorbene Kapitularin Henriette Charlotte von Veltheim konnte sich dagegen schon an den Abenteuern hochgestellter Persönlichkeiten erfreuen: neben Mary Manley, einer Expertin der Intrigen auf der britischen Insel, auch an denen der Königin von Frankreich – was allerdings französische Sprachkenntnisse voraussetzte.[54]

3.2 Die „Ordnung Gottes“

Mit Hingebung vertiefte sich Johanna Magdalena in die pietistische Auffassung, nach der sich der Mensch im Zustand der Sünde und des Unglaubens befand. Aufgabe des gläubigen Menschen sei es, sich mit seiner Abkehr von der Sünde, seiner Bekehrung, Wiedergeburt und Heiligung auseinanderzusetzen. Zur Bekehrung

52 Von Dülmen: Kultur und Alltag 3, S. 244.

53 *Heinr. Hessens Churf. Mayntz. Garten Vorstehers neue Garten Lust* […] *Mit sehr nützlichen Anmerckungen* […] *versehen durch Theodorum Phytologum, Cassel 1690;*
Artzeneybuch nach G.[äbelkhover] *Oswald hochfürstl. Würtenbg. Hofmedicus, ged. Tübingen 1596;*
Curieuser und immerwährender Astronomisch Meteorologisch Oeconomischer Frauenzimmer Reyse- und Hand-Calender mit einer Vorrede von Mad. Sid[onia] *Hedwig Zäunemanninn, Erfurth 1737.*

54 *L'Atalantis De Madame Manley 1713, traduit de l'Anglois.* Contenant les intrigues politiques et amoureuses de la noblesse de cette ile […] depuis l'an 1683 jusques à present; *Memoires de Margurite de Salois, Reine de France et de Navarre, 1713.*

gehöre – so Franckes Credo – die Abfolge von Sündenerkenntnis, Buße, Reue und Verlangen nach Vergebung. Gebet und Bibellektüre seien grundlegend, um zur Geburt des Glaubens zu gelangen und den Gnadenzustand zu erreichen.

Diesem sehr persönlichen Charakter der Glaubenslehre kam die im Stift mögliche zurückgezogene und in sich gekehrte Lebensführung entgegen. Hier war der Ort, die von Francke konzipierte „Ordnung Gottes" nachzuvollziehen und die als Existenzwende aufgefasste Bekehrung zu erleben und praktisch umzusetzen. Die zahlreich vorhandenen Gebetssammlungen, Predigttexte und Liederbücher verschiedener Generationen von Pietisten, die sich in Johanna Magdalenas Bücherinventar finden, lassen erkennen, dass sie und viele ihrer Mitschwestern den Vorstellungen Franckes folgten und so das geistliche Leben im Stift des ausgehenden 17. und im 18. Jahrhundert prägten.

Auch für die in Abgrenzung von der Amtskirche propagierte innerkirchliche Gemeinschaftsbildung boten sich die besten Voraussetzungen. Der Verzicht auf weltliche Geselligkeiten, „ihren Putz und ihre Eitelkeit", war in dem alten Frömmigkeitsschema der Klöster bereits angelegt. Konventikel zur gemeinsamen Erbauung und zur Stärkung des Glaubens, wie sie durch Francke angeregt wurden, fanden auch in Fischbeck Nachahmung. Die spätere Äbtissin Charlotte Elisabeth von dem Bussche berichtet von den Betstunden Pastor Hermann Gerhard Stedings: In den letzten Monaten vor seinem Tod habe er noch *ein par mahl bettstunde gehalten* und am 28. August 1737, an einem der monatlichen Bettage, zum letzten Mal gepredigt. *Wier bethaurten Seinen todt Hertzlich,* – schreibt sie.[55]

3.3 Familiäre Vorbilder – August II. von Bismarck

Mittlerweile hatte der Pietismus in allen gesellschaftlichen Bereichen, vom Adel über das städtische Bürgertum und die bäuerliche Bevölkerung bis hin zu den dienenden Schichten, nachhaltige Aufnahme gefunden. Der Aufbau der von August Hermann Francke in Halle ins Leben gerufenen Armen- und Waisenhausstiftung wurde von zahlreichen Fürstenhöfen, insbesondere von Brandenburg-Preußen unterstützt. Bereits seit dem Toleranzedikt des Kurfürsten Johann Sigismund von 1609 hatte der Einheitsgedanke gegenüber den drei Konfessionen im Bewusstsein der Gebildeten Tradition. Der Große Kurfürst verfolgte dann das Ziel einer evangelisch-reformierten Einheitskirche, was er im Edikt von Potsdam 1685 verfestigte.

In der Folge hatte sich Berlin um die Jahrhundertwende zum Zentrum der Frühaufklärung entwickelt, wo unter den Gelehrten ein aufgeklärter, überkonfessioneller

55 ASF: XXX.a.2. Hausbuch der Äbtissin, S. 266.

Geist herrschte. Der gebildete König Friedrich I., Gründer der Akademie der Künste und Wissenschaften, unterstützte die Bewegung des aufsteigenden Hallischen Pietismus und gewährte dem von den lutherischen Orthodoxen aus Leipzig vertriebenen Vertreter des Frühpietismus Philipp Jacob Spener (1635–1705) 1691 Aufnahme in Berlin und eine neue Stellung als Oberkonsistorialrat in der Nikolaikirche. Bei der Gründung der Universität Halle setzte dieser sich für die Berufung pietistischer bzw. orthodoxiekritischer Professoren ein, so auch für seinen Freund und Schüler August Hermann Francke. Der nachfolgende König Friedrich Wilhelm I. protegierte ab 1713 die religiöse Bewegung ebenfalls, deren Grundzüge von puritanischer Strebsamkeit und Strenge ihm bei seiner Regierungstätigkeit entgegenkamen.

Im Zentrum des Engagements für pietistische Projekte stand auch Johanna Magdalenas ehemaliger Ziehvater August II. von Bismarck (1666–1732), der Ururgroßvater des Fürsten Otto. Nach dem Besuch der Gymnasien in Merseburg und Halle und der Universität Leipzig hatte August II. eine Kavaliersreise in das damals fortschrittlichste Land, die calvinistisch-humanistisch geprägten Niederlande, unternommen.[56] Um 1710 ernannte ihn König Friedrich I. zum Landrat in der Altmark, und seitdem verfügte er über gute Verbindungen zur regierenden Dynastie in Berlin. August II. folgte dem pietistischen Credo der „praxis pietatis" und unterstützte die Hausarmen, bezahlte das Schulgeld für unbemittelte arme Kinder und finanzierte eine zusätzliche Nachmittagspredigt in der Kirche von Schönhausen.[57]

August war verheiratet mit der 1669 in Halle geborenen Dorothea Sophia von Katte. Das in der Kirche zu Schönhausen spätestens 1732 errichtete Grabmal zeigt in Stein gehauene Bildnisse der Ehepartner. Deren Zuneigung muss groß gewesen sein, wird doch die Inschrift ihres Grabmals von einer Kartusche gekrönt, die zwei miteinander verbundene Herzen zeigt sowie den Text: *Auch der Todt trennt uns nicht.*

---

56 Engelberg: Die Bismarcks, S. 102 ff.

57 Neumann: Dorfkirche, S. 18.

Abb. 20 Epitaph August II. und Sophia von Bismarck, 1732

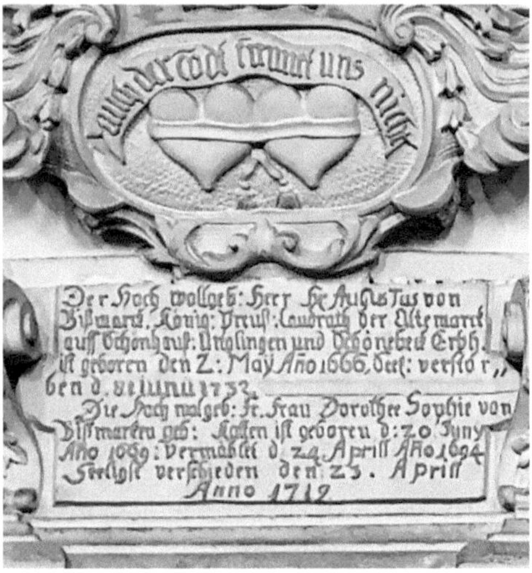

Abb. 21 Inschrift

Wie weit die pietistische Bewegung Eingang auch in höfische Kreise gefunden hatte, verdeutlicht das Beispiel der Visionärin Rosamunde Juliane von der Asseburg.[58] Ihre Visionen von der Erscheinung Christi und dessen an sie gerichtete Ansprachen sorgten besonders an den Adels- und Fürstenhöfen in Hannover, Brandenburg und Sachsen für große Aufmerksamkeit. Rosamunde lebte in Wolfenbüttel und Magdeburg und stand in engem Kontakt zu dem radikalen Pietisten Dr. Johann Wilhelm Petersen, der in seiner Lebensbeschreibung über sie berichtet. Besondere Aufmerksamkeit erfuhr Rosamunde von keiner geringeren als der Kurfürstin Sophie von Hannover,[59] die sie mit ihrem Gemahl und anderen Personen ihres Hofstaates in der Nähe von Lüneburg aufsuchte und sich von ihrer göttlichen Botschaft überzeugen ließ.[60] Ausführlich erörterte die Kurfürstin den Wahrheitsgehalt von Rosamundes Visionen in ihrer Korrespondenz mit dem Abt von Loccum, Molanus, und mit Gottfried Wilhelm Leibniz, der ebenfalls von der Visionärin eingenommen war.[61] Leibniz war es auch, der Franckes Aufnahme in die Berliner Akademie der Wissenschaften im Jahr 1701 betrieb.

58 Juliane von der Asseburg a.d.H. Eggensted (1672–1712), Tochter des Oberstwachtmeisters Christian von der Asseburg und Gertrud Margarete geb. von Alvensleben zu Erxleben.

59 Scheel: Briefe, S. 136. Vom gesellschaftlichen Leben in Braunschweig und Wolfenbüttel zeugt ein Brief der Kurfürstin, die sich dort im Februar 1686 mit ihrem Hof aufhielt, die Oper besuchte und sich mit Angehörigen des cellischen Hofes traf.

60 Trippenbach: Rosamunde, S. 309.

61 Ebd.: S. 316 ff.

Abb. 22 Busso von Münchhausen, 1692

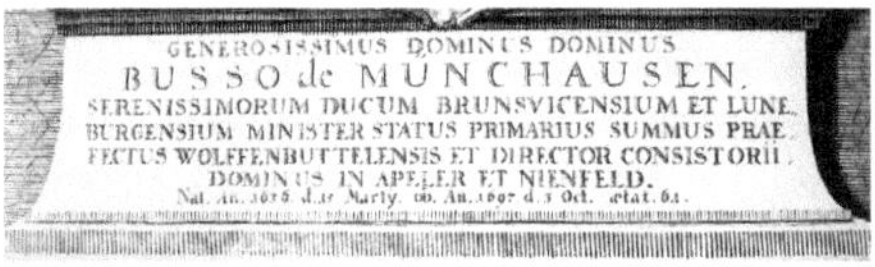

Abb. 23 Inschrift

3.4 Kontakte in Wolfenbüttel – Hieronymus von Münchhausen

So wie Johanna Magdalena durch ihre Schönhauser Verwandtschaft vom pietistischen Gedankengut Franckes geprägt war, so erging es auch ihrer Freundin Anna Louise von Münchhausen, die ebenfalls aus einer Familie mit pietistischem Hintergrund stammte. Sie war in Wolfenbüttel als Tochter des Geheimen Rats, Konsistorialdirektors und Großvogts von Wolfenbüttel Baron Busso von Münchhausen[62] aufgewachsenen, hatte aber ihre familiären Wurzeln auf den Gütern Apelern und Nienfeld in der Grafschaft Schaumburg.

62 Busso von Münchhausen (1636–1697) auf Apelern und Nienfeld ∞ 1673 Anna Sophie von Grapendorff (1654–1696). 1692 war er an den Korrekturen und Ergänzungen zum Entwurf des Wolfenbütteler Pietisten-Edikts vom 2. März 1692 beteiligt. Vgl. Merzbacher/Miersemann: Wirkungen des Pietismus, Quellenteil, S. 540.

Während der Regierungszeit des Fürsten Rudolf August (1627–1704), der als „der Pietist auf dem Welfenthron“[63] galt, erlebte der Pietismus in Wolfenbüttel eine Blütezeit. Rudolph August veranlasste 1686 das erste Braunschweiger Gesangbuch „Gottes Himmel auf Erden“, dessen Liedauswahl von pietistischen Autoren aus dem Umfeld des Hofes beeinflusst war.[64] Beendet wurde diese Phase erst unter seinem Bruder Anton Ulrich (1633–1714), dem die gelebte Innerlichkeit der pietistischen Frömmigkeitsbewegung suspekt war.

1688 und 1705 hielt sich auch August Hermann Francke in Wolfenbüttel auf, wo er freundschaftlichen Kontakt zu verschiedenen Geistlichen pflegte. Bei seinem zweiten Aufenthalt begegnete er Anna Louise und ihrem Bruder, dem damals 25-jährigen Kammerrat Hieronymus von Münchhausen.[65] Hieronymus[66] wie auch Anna Louise[67] hielten Zeit ihres Lebens Kontakt zu August Hermann Francke.[68] Seit 1704 stand Hieronymus in herzoglichem Dienst, seine Tochter Sophie Gertrud[69] diente bis zu ihrer Eheschließung als Kammerfräulein bei der Herzogin Elisabeth Sophie.[70]

3.5 Im „Frauenzimmerstift“ zu Halle, 1719

Johanna Magdalena und Anna Louise waren somit über ihre verwandtschaftlichen Beziehungen zum Onkel in Schönhausen und zum Bruder in Wolfenbüttel eng mit den pietistischen Kreisen verbunden. Da lag der Wunsch der beiden Kapitularinnen nahe, Kontakt aufzunehmen und sich selbst ein Bild von der pietistischen Gemeinschaft in Halle zu machen. Als Kostfräulein in Fischbeck waren sie relativ ungebunden, und so stand einem längeren Aufenthalt außerhalb des Stifts nichts im Wege.

Im Herbst 1719 brachen sie gemeinsam zu einer ersten Reise nach Halle auf, die mehrere Wochen in Anspruch nahm. Von Hameln aus ging die Fahrt zunächst über Hildesheim nach Wolfenbüttel. Auf der 140 km langen Strecke dorthin mussten sie zweimal übernachten. In Wolfenbüttel angekommen, quartierten sie sich

63 Raabe: Francke in Wolfenbüttel, S. 361.

64 Berger-Kapp: Das Braunschweiger Gesangbuch.

65 Raabe: Francke in Wolfenbüttel, S. 369.

66 Hieronymus von Münchhausen (1680–1742) auf Apelern und Nienfeld ∞ 1703 Christine von Ruck (1686–1738).

67 Jakubowski-Tiessen: Pietismus in Niedersachsen, S. 431–434.

68 SBB-PK: Stab/F 15,2/18:7–12.

69 Sophie Gertrud von Münchhausen (1707–1766) ∞ 1730 Werner Philipp v. Wulffen (1703–1766) auf Ziegelsdorf und Rietzel.

70 Elisabeth Sophie Marie zu Braunschweig-Wolfenbüttel (1683–1767) ∞ 1710 August Wilhelm von Braunschweig-Wolfenbüttel (1662–1731), Sohn Herzog Anton Ulrichs.

für mehrere Tage bei der Familie des Hieronymus von Münchhausen ein. Familiennachrichten wurden ausgetauscht, Anna Louise empfing Besucher und stellte ihre Freundin in ihrer Verwandtschaft und im Kreis ihrer Freunde vor. Johanna Magdalena freute sich über ein Wiedersehen mit ihrer Schwester Bartha Elisabeth von Bismarck, die als Hofdame im Dienst der Herzogin stand. Dann nahmen die Damen Abschied und traten den zweiten Teil ihrer Reise an, ins 150 km entfernte Halle. Am Ostrand des Harzes ging es vorbei an Wernigerode und weiter nach Halberstadt, Quedlinburg, Bernburg und Köthen bis zum Zielort Halle. Unterwegs machten die Freundinnen Station in Halberstadt bei den Angehörigen von Johanna Magdalenas Familie von der Asseburg. Im November 1719 sind sie nach zwei Wochen glücklich am Ziel ihrer Reise angekommen. Johanna Magdalena war beeindruckt vom geschäftigen Treiben auf dem Marktplatz der Saale-Stadt und bestaunte Kirchen, Rathaus und das Schloss. Überall wurde gebaut, eine neue Residenz war im Entstehen.

Während ihres Aufenthalts logierten die beiden Damen „auf eigene Kosten"[71] in dem 1704 von Francke eingerichteten Frauenzimmerstift in Halle. Am 25. November notierte Francke ihre Ankunft in seinem Tagebuch:[72] *Fräulein von Münchhausen u. von Bismarcken sind ankommen u. logiren im Stifft.*

Bereits am nächsten Tag fanden sich die beiden zu einem ersten Besuch bei ihm ein: *Bin besuchet von Fräuleins von Münchhausen u. von Bißmarcken; Beyde aus dem Closter Fischbeck.*

Bei dieser Gelegenheit trug Anna Louise gleich ihr Anliegen vor, einem ihr bekannten armen Jungen einen Freitisch zu gewähren, dem Francke zustimmte: *Der Fräul. von Münchhausen von Fischbeck ist versprochen, daß ein Knabe auf ihre recommendation künftig Ostern den freyen extra Tisch u. freye information haben solle.*[73]

Freier Tisch, Unterkunft und Ausbildung wurde jungen Theologiestudenten gewährt, wenn dafür keine sonstigen Mittel zur Verfügung standen. Im Gegenzug waren die Studenten verpflichtet, die Schulkinder im Waisenhaus zu unterrichten.

In den folgenden Tagen lernten die beiden Fischbeckerinnen die Anlage der Schulstadt kennen. Besonders beeindruckte sie das aus Stein erbaute barocke Waisenhaus. Über eine breite steile Außentreppe führte der Weg in das repräsentative Gebäude, das ohne überflüssigen Schmuck auskommt. Vom Entree aus warfen die Damen einen Blick in die Apotheke zur linken und die Buchhandlung zur

---

71 AFSt/W Rep.1, X/IV/2:176, Nr. 18 und Nr. 19: *Eine Nachricht von denen im Stift zu Glaucha von 1704 bis 1760 befindlich gewesenen Personen.*

72 Tagebuch 1719: 25. November. Hier auch das Folgende. Die Tagebücher sind digital unter digital.francke-halle.de einzusehen.

73 Ebd.: 26. November.

rechten Hand. An den Schulstuben und Arbeitsräumen für die Kinder in den beiden darüber liegenden Stockwerken vorbei stiegen sie hoch in die oberste Etage mit dem Schlafsaal für 60 Waisenknaben. Alles verströmte eine weltoffene, den Bedürfnissen der Kinder angepasste Atmosphäre. Auf dem Gelände hinter dem Waisenhaus spazierten sie am Fachwerkbau für die Waisenmädchen und deren Schule, an der so genannten englischen Schule und dem Pädagogikum entlang. Ein weiteres großes Gebäude mit einem Speisesaal im Erdgeschoss und einem Bet- und Singesaal für fast 2000 Personen darüber wird ihr Staunen erregt haben. Einige Jahre vor dem Besuch der Fischbeckerinnen, 1713 war das Internat für Kinder, das so genannte Lange Haus entstanden. Das Gebäude ist sechsgeschossig und misst als größtes Fachwerkgebäude jener Zeit hundert Meter in der Länge. Eine Wasserleitung wurde installiert, die das mühselige Wasserschleppen in Eimern aus der Saale oder aus einem Reservoir beendete. Die Schulstadt verfügte zudem über ein Backhaus, ein Brauhaus und ein Schlachthaus. Und noch immer wurde gebaut, und neue Pläne für ein Krankenhaus und ein Bibliotheksgebäude wurden entworfen.

In den nächsten Wochen vertiefte sich der Kontakt zu Francke, der die Freundinnen mehrfach zu Gesprächen im Frauenzimmerstift aufsuchte. Mit dabei waren weitere dort lebende Damen – Dorothea Margarete und Sophia Floriane von Griesheim, Marie und Henriette von Oeppen und ein Fräulein von Dennstedt –, mit denen die Fischbeckerinnen Freundschaft schlossen.

Die Familie von Griesheim entstammte einem thüringischen Uradelsgeschlecht und stand in engem Kontakt zu August Hermann Francke.[74] Die beiden Töchter der Familie, Sophia Floriane († 1726) und Dorothea Margarete (1677–1721), besuchten zwei Jahre lang das Frauenzimmerstift in Halle. Während die Schwestern von Griesheim Angehörige des Stifts waren, heißt es von den Schwestern von Oeppen, dass sie – wie die beiden Fischbeckerinnen – auf eigene Kosten im Stift lebten.[75] Zum Jahreswechsel waren Johanna Magdalena und Anna Louise in das Haus der Familie Francke eingeladen: 31. Dezember: *Besuchet worden von Fräulein von Münchhausen aus dem Stifft zu Fischbeck, u. von d. Fräulein von Bißmarck, eben daher.*

Die Damen ließen sich Zeit, eine so weite Reise unternahm man nicht nur für ein paar Wochen. Alle Aspekte der Stiftung wurden erkundet. Einer der jungen Theologen, die zur Ausbildung in Halle waren, führte Johanna Magdalena und Anna Louise durch die „Wunderkammer“, eine Sammlung von Merkwürdigkeiten, die die von Halle ausgesandten Missionare aus Übersee mitgebracht hatten. Allerlei

---

74 Johann Heinrich Günther von Griesheim (1635–1718) war Geheimer Rat und Domprobst in Naumburg, sein Sohn Johann Heinrich von Griesheim (1674–1727) Oberaufseher in Halle.

75 AFSt/W Rep.1, X/IV/2:176, Nr. 17.

Abb. 24 Bibliothekssaal in Halle, Rekonstruktion des ab 1726 errichteten Gebäudes

fremde und seltene Tiere – ein mit Stroh ausgestopftes Nil-Krokodil und der riesige Unterkieferknochen eines Walfisches – faszinierten die Freundinnen. In den bunt gestrichenen und mit Tiersymbolen verzierten Vitrinen waren Edelstein-, Muschel- und Schneckensammlungen, in Alkohol eingelegte Animalien, Pflanzen und Insekten zu bestaunen. Andere Kästen präsentierten Mitbringsel aus Indien und von der Insel Borneo: Körbe und Schuhe aus Bast, geheimnisvolle Alltagsgegenstände, Kleidungsstücke und Masken. All diese Naturalien dienten dem Realienunterricht der Schüler und waren im Dachgeschoss des Waisenhauses untergebracht. Die Freundinnen kamen aus dem Staunen nicht mehr heraus. Zum ersten Mal öffnete sich ihnen eine Tür aus der eng begrenzten Welt ihrer bisherigen Umgebung hinaus in ferne Länder und weckte ihr Interesse an der Lebensweise fremder Völker.

Am folgenden Tag nahm der junge Theologe sie mit in die Bibliothek. Johanna Magdalena ging das Herz über, als sie sich in die Regalreihen vertiefte. In den wenigen Jahren seit der Gründung der ersten Lehranstalt war die Bibliothek durch Schenkungen, Tausch und die Erzeugnisse des eigenen Verlags bereits auf 50.000 Bände angewachsen, die Einblick in alle bekannten Wissensgebiete gewährten. Ein neues Bibliotheksgebäude war dringend notwendig, um all die Schätze, die Inkunabeln und Bibelübersetzungen aus allen christianisierten Teilen der Welt zu beherbergen. Beeindruckt von dem Gesehenen und den vielen Aspekten der Einrichtung waren beide gerne bereit, den Unterhalt der Einrichtung mit Spenden zu unterstützen.

Bis zu ihrer Abreise im Juli 1720 nahmen die beiden Freundinnen regelmäßig an Franckes Singstunden teil und vertieften die Freundschaft mit seinen Anhängerin-

Abb. 25 Regal mit Büchern

nen. Francke notierte alle Besuche der beiden Fräulein aus dem *Closter* Fischbeck, *mit welchen gesprochen, gesungen u. gebetet.*[76] Am 29. Mai besuchten Johanna Magdalena und Anna Louise den Theologen im Buchladen des Waisenhauses und deckten sich mit den neuesten Schriften ein. Zum Abschied am 18. Juli übergab Anna Louise eine Spende für das Waisenhaus über 60 Rt[77] und für die Mission in Ostindien über 30 Rt. Danach scheint die Reise beendet gewesen zu sein, denn am 31. Oktober 1720 erreichte Francke ein Brief von Anna Louise aus Fischbeck. Fast ein Jahr waren die Freundinnen unterwegs.

Zurück in Fischbeck pflegten Johanna Magdalena und Anna Louise gemeinsam Kontakt zu Pietistinnen in ihrer näheren Umgebung. So berichtet ein Pastor mit Namen Johann Adolf Scheffer in einem Brief an seinen ehemaligen Lehrer August Hermann Francke von zwei Fischbecker Damen, die er im Januar 1721 auf dem Gut Stockhausen kennengelernt habe, wo sie zu Besuch bei der Besitzerin Levina von der Reck weilten. Levina stammte vom Gut Hammerstein-Loxten und war die Witwe des münsterischen Generaladjutanten Freiherr Matthias von der Reck.[78] Stockhausen lag unweit der Ortschaft Lübbecke. Seinen positiven Eindruck schildert Scheffer wie folgt: *Dem nechst muß ich vermelden, daß die Frl. von Munchhausen und Frl. von Bischmarcken auff dem Haußе Stockhausen angetroffen und solche seelgen Frlnen gefunden, die das gute recht Lieb haben und damit mich in dem Herrn sehr erbaut und erquickt.*[79]

Wenig später erstaunt ein Eintrag im Tagebuch August Hermann Franckes: *Die Fräulein Bißmarck, sonderer, die hier gewesen, sendet 2 Ohrgehänge mit diamanten*

76 Tagebuch 1720: 4. Februar, 3. April und 5. Mai 1720.

77 Reichstaler, 1 Rt/Rtl. = 24 Groschen (Gr./g.).

78 Levina von der Reck (1684–1734) ∞ 1706 Freiherr Matthias von der Reck (1668–1719).

79 AFSt/H C 267/7, 1721 Januar 6.

für die Mission. Commisi dem 23.ten Herrn Gr. Reuß, sie bey jemanden auf der vorhabenden Reise anzubringen.[80]

Offensichtlich hatte sich Johanna Magdalena von Preziosen aus dem Bismarck'schen Familienschmuck getrennt, die nun von Graf Heinrich XXIII. von Reuß-Lobenstein (1680–1723) verkauft werden sollten. Reuß berichtet von der auf seiner Reise von Halle nach Pölzig erfolgten Übergabe an den Grafen Henckel von Donnersmark am 24. Januar in Pölzig: *Hernach habe ich den Herrn Graf Henckel alles übergeben, gesagt und referiret, was ich ihm mitgebracht hatte.*[81]

Bereits vier Wochen später ist der Verkauf gelungen. Francke notiert: *Vor etlichen Wochen gab die Fräulein von Bißmarck ein paar Demantene Ohrengehänge, die sind in Leipzig verkauft für 9 rth 6 gr.*[82]

Der Erlös war für die ostindische Mission bestimmt, denn Johanna Magdalena benötigte keinen weltlichen Putz mehr.

3.6 Rückkehr nach Halle, 1721–1722

Bereits am 2. Juni 1721 waren die beiden reiselustigen Fräulein zurück in Halle und blieben dieses Mal ein Jahr. Da die beiden Damen in Fischbeck noch immer nicht mit einer Haushaltung ansässig waren, konnten sie ihre relative Freiheit für Aufenthalte an Orten ihrer Wahl nutzen. Am 8. Juni übergaben sie eine Spende von 20 Rt für das Waisenhaus und 30 Rt für die Mission. Regelmäßig besuchten die Freundinnen von nun an die Predigten und Singstunden Franckes und vertieften das Gehörte anschließend in gemeinsamem Gebet.[83] Im August stieß auch Bartha Elisabeth aus Wolfenbüttel zu den beiden – so die Notiz von Francke: 2. August 1721: *Zwischen den Predigten bin besuchet worden von Fräulein von Grießheim und beyden Fräulein von Bißmarck u. von Münchhausen.*

Ein weiteres Mitglied der Familie von Münchhausen, die Frau „Oberstallmeisterin"[84] aus Naumburg, die regelmäßig im Hotel „zum Güldenen Stern" in Halle logierte, gehörte ebenfalls zum engeren Kreis um Francke. Seit 1716 hielt sie sich

80 Tagebuch 1721: 21. Januar.

81 Reisetagebuch von Heinrich XXIII. von Reuß-Lobenstein an August Hermann Francke: SBB-PK: Stab/F 3a/2a: 31, P. 54r.

82 Tagebuch 1721: 27. Februar.

83 Ebd.: 24. Juni, 13. Juli 1721.

84 Katharina Sophie von Münchhausen, geb. von Selmnitz (1665–1734) a.d.H. Straußfurth, Witwe von Gerlach Heino von Münchhausen (1652–1710) auf Steinburg. Von ihrer Heirat 1683 hat sich das Brauthemd aus schlichtem Leinen mit umfangreichen Stickereien am Ausschnitt, den Ärmeln und dem Saum des Kleides erhalten. Borggrefe/Lüpkes (Hg.): Adel im Weserraum, S. 129, Katalog, S. 309.

jährlich in Halle auf, teilweise begleitet von ihren Töchtern Dorothea von Schwartzenfels[85] und Christine Sophie von Hanstein.[86] Die Dame war recht vermögend und spendete Jahr für Jahr zwischen 30 und 100 Rt für das Waisenhaus oder für die Mission. Beim Abendessen im Hause Francke war sie ein gern gesehener Gast, häufig in Begleitung des Grafen Reuß. Als sie Anfang August 1721 von Halle Abschied nahm, um nach Berlin zu reisen, waren Johanna Magdalena und ihre Schwester Bartha Elisabeth zugegen und beteten gemeinsam mit ihr – dazu Francke:

7. August 1721: *Habe die Frau Ober-Stallm. von Münchhausen besuchet im güldenen Stern, die fürs Waysenh. gegeben 30 rth, u. waren die Fräulein von Bißmarck u. die älteste Fräulein von Grießheim zugegen, mit welchen ich zum Abschied, den die Frau von Münchhausen genommen und nach Berlin reiset, gebethet.*

Am 18. August reisten die beiden Fischbeckerinnen von Halle aus zu der ältesten Schwester Anna Louises, Gertrud Sophie Marschall von Bieberstein,[87] die in Bennstedt nahe Halle ansässig war.[88] Am 14. September erhielt Francke einen Brief Anna Louises mit einer Botschaft, auf die er sofort antwortete. Ein weiterer Brief erreichte ihn am Abend. Etwas Unerwartetes schien geschehen zu sein. Am nächsten Tag trafen mit dem Geheimrat Hieronymus aus Wolfenbüttel und seiner Gemahlin weitere Mitglieder der Familie von Münchhausen in Halle ein:

15. September 1721: *Auf dem Waysenhause gesprochen mit dem Herrn GhR. von Münchhausen von Wolfenbüttel, auch deßen Frau Gemahlin u. Fräulein Schwester, die von Benstedt mit einand. herüber kommen.*

Am 16. September fuhren das Ehepaar Franke, Dr. Paul Anton[89] und Johanna Magdalena gemeinsam nach Bennstedt. Der Ehemann von Anna Louises und Hieronymus' Schwester, Christian Marschall von Bieberstein, war gestorben und wurde in der Familiengruft in Bennstedt beigesetzt. Töchter[90] und Söhne[91] der Frau von Marschall gaben ihrem Vater das letzte Geleit. Der Geheimrat von Münchhausen übergab bei dieser Gelegenheit 7 Rt 4 Gr für das Waisenhaus.

---

85 Dorothea (1685–1736) ∞ 1702 Anton Ludewig von Schwartzenfels. Lenthe/Mahrenholtz: Nr. 611.

86 Christine Sophie (1693–1735) ∞ 1711 Christian Albrecht von Hanstein. Ebd.: Nr. 615.

87 Gertrud Sophie von Münchhausen (1674–nach 1737) ∞ 1690 Christian Marschall von Bieberstein (*1662–1721) auf Bennstedt und Vitzenburg, Hofrat zu Wolfenbüttel.

88 Tagebuch 1721: 17. August: 4. *Besuchet worden – von d. Fräulein von Münchhausen, die morgen nach Benstedt reiset, und der Fräulein von Bißmarck.*

89 Dr. Paul Anton (1661–1730) war 1678 kurfürstl. sächs. Oberhofprediger, 1695 Prof. für Theologie in Halle.

90 Dorothea Henrietta geb. und verwitwete Marschall von Bieberstein und Sophia Armgard Marschall von Bieberstein. ASF: VI.c.1. Bd. 1.

91 Wilhelm Busso, Domherr zu Nauenburg, und Ludwig Friedrich, Preußischer Kapitän, Marschall von Bieberstein. ASF: VI.c.1. Bd. 1.

In den nächsten Monaten vermerkte Francke weitere Gespräche mit den beiden Töchtern der Frau Marschall von Bieberstein, mit Anna Louise und Johanna Magdalena sowie Einladungen zum gemeinsamen Essen. Die Fischbeckerinnen leiteten auch Aufträge ihrer Geschwister weiter:

9. Dezember 1721: *Fräulein v. Bißmarck hat von ihrer Fräulein Schwester gebracht für die Mission 6 rth. Die Fräulein v. Münchhausen hat eine commission von ihrem Herrn Bruder ausgerichtet; hierauf haben Sie sich im Gespräch u. Gebeth mit mir erbauet u. gebethet.*

Im Januar 1722 waren die beiden erneut in Bennstedt,[92] und am 22. März empfing Francke sie nach der Predigt gemeinsam mit dem Grafen Reuß und Sophia Floriane von Griesheim. Nachmittags wohnte Johanna Magdalena gemeinsam mit vielen anderen einer Auslegung über Hebr 9, 11–15 bei. Bezeichnend für Franckes Weltsicht war es, dass auch die „Domestiken“ anwesend sind. Francke notierte:

Nachmittag bin von vielen besuchet worden, welchen ich ausgelegt Ebr. 9, 11–15. als die Epistolische lection auf Judica. Aderant der Herr Gr. Reuß u. Gemahlin, Fräulein von Grießheim u. Bißmarck, Jungfer Neesen, M.dselle Charbonnet, Jungfer Rabin, meine Schwester etc. u. domestici.

Weitere private Besuche der beiden Freundinnen fanden in den folgenden Wochen statt.[93] Im Mai verabschiedete Francke die abgehenden Studenten, wobei er die jungen Männer *über die puncte, so ihnen für nöthig gehalten,* […] *ermahnet u. mit ihnen gebethet, worauf sie noch heute ihre Reise angetreten.*

Zwölf ausgewählte Herren – darunter Graf Reuß und Graf Henkel – sowie etliche andere *studiosi* hatten die Ehre, im Saal von Franckes Haus anwesend zu sein. Die weiblichen Zuhörerinnen, darunter die beiden Fischbeckerinnen, hörten aus dem Nebenraum zu:

26. Mai 1722: *Auch waren in der Stube daneben, da sie alles mit anhören kunten, die Fräulein von Grießheim, die Fräulein Henriette von Oeppen u. deren 2 Schwestern von Horsdorff, die gestern abends ankommen, die Fräulein von Denstedt, Fräulein von Bißmarck, Fräulein von Münchhausen pp.*

Der Kontakt intensivierte sich: Viermal waren die beiden Fräuleins im Juni Gäste bei den Abendmahlzeiten im Hause Francke.[94] Am 18. Juni waren sie zudem bei einer Auslegung des Textes Joh 15, 14–16, die Francke im Frauenzimmerstift vorträgt, anwesend:

Nachmittag eine Ermahnung im Stifft gehalten; u. waren zugegen die Frau Cammerräthin Kühnin, deren Tochter, die sie mitnimmet, die andere, die sie mitgebracht u. hier lässet, […] *die Fräulein von Münchhausen, die Fräulein von Bißmarck, die*

---

92 Tagebuch 1722: Hier auch das Folgende.

93 Ebd.: 31. März, 18. April und 20. Mai 1722.

94 Ebd.: 10.,14. und 17. Juni 1722.

Abb. 26 August Hermann Francke (1663–1727)

Abb. 27 Anna Magdalena Francke (1670–1734)

Fräulein von Walwitz u. deren Schwester aus dem Stifft, die Fräulein Griesheim; u. nahm ich den gestern in d. Singstunde tractirten text Joh. 15, 14–16.

Am 19. Juni 1722 kehrten Johanna Magdalena und Anna Louise nach einem einjährigen Aufenthalt in Halle zurück nach Fischbeck.

3.7 *Eine getreue Tochter*, Briefe an August Hermann Francke, 1722–1723

Der Kontakt nach Halle wurde nun per Brief aufrechterhalten. Bereits am 9. Juli erhielt Francke einen Brief von Anna Louise. Er antwortete beiden am 14. Juli, wofür sich Johanna Magdalena am 23. Juli bedankte. Dass er sie nicht vergessen und von dem Genuss des Abendmahls geschrieben habe, sei den beiden eine rechte Stärkung gewesen, schreibt sie:

Mein Wehrtester und geliebter Herr Vater In Christo. Vor dero Erwekliches schreiben sage hertzlichen dank. Der Herr sey Ihr Vergelter, daß sie doch der abwesenden nimmer Vergeßen, daß Erbauliche schreiben von der geistlichen genießung des Heiligen Abendmahls ist uns beyderseits eine rechte Stärkung geweßen.[95]

Von ihrer Reise berichtet sie, dass sie drei Wochen lang Station in Wolfenbüttel bei Bartha Elisabeth gemacht hätten. Während dieser Pause habe Anna Louise überall nach Levina von der Reck gesucht, um mit ihr gemeinsam zurückzureisen. Sie sei aber nicht anzutreffen gewesen, so dass die beiden ihre Reise allein beendeten:

Die Liebe Fra von Reck hetten Wir gerne geschprochen und Würde es uns eine große Freude geweßen sein, Wenn sie uns Gott zugeführet hette, daß Wir uns durch einander Ermuntern konnen, sie muß durch Wolfenbütell nur sein durch gegangen, die Munchausen hatt allenthalben nach sie geschickt, ist nicht außzufragen geweßen, so Wir haben denn unsere reiße durch Gottes Hülffe zurücke geleget.

Nach der Rückkehr sei Anna Louise schwer erkrankt – so Johanna Magdalena weiter. Sie mache sich große Sorgen um die Freundin und bittet Francke um seinen Beistand im Gebet:

So balde aber Wie Wir Hier Kahmen Wurde mich meine Liebe Munchausen Kranck, nun Helffen sie mich behten, daß sie der Liebe Gott balde wieder Hilfft, […] *in was vor ängsten ist man doch offters Hier* […] *Wenn Wir beyden alleine sind, daß Wir uns deßen Erinnern.*

Sie befinde sich in großer Angst, erinnere sich aber an die biblischen Worte: *Siehe, denn du lieb hast, die lieget kranck.* Um Anna Louise zu trösten, repetiere sie die Auslegungen des Professors. Ein weiterer Satz lässt aufhorchen, der kein gutes Licht auf die Frömmigkeit ihrer Mitschwestern wirft. Johanna Magdalena schildert, dass in den wenigen Tagen seit ihrer Rückkehr eines der Fräulein den Teufel mehr erwähnt habe als Gott. Offensichtlich sind nicht alle Damen im Stift von der Wirkmächtigkeit des Glaubens und dem Vertrauen auf den Heiland gleichermaßen erfüllt.

---

95 AFSt/H F 14/459, 1722 Juli 23, S. 1–2. Hier auch das Folgende.

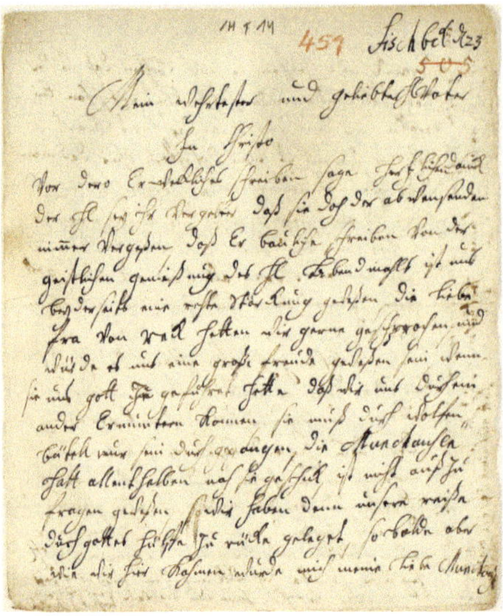

Brief 1 Johanna von Bismarck, 1722 Juli 23, S. 1

Zusammen mit den Grüßen an Franckes Frau Anna Magdalena,[96] *die Liebe Mutter*, und die *Wehrten Angehörigen* verbleibt sie als *Eine getreue Tochter.* Im Postskriptum leitet sie noch Anna Louises Bitte weiter, ihr sein zuletzt geschriebenes Buch zuzusenden, auch bittet sie *umb das öhlblatt deß friedens.*

Bereits am 1. August schickte Francke den beiden die gewünschte Schrift, die Johanna als *eine rechte stärckung und Erweckung im Herrn in dießer Pillgrimschaft* bezeichnet, die nicht *ohne Frucht* […] *an* [ihrer] *Seele* bleiben werde. Das *excam büchlein* werde ihr dabei helfen, *immer mehr darnach zu trachten, dass* [ihr] *Christus als der Allerbeste freund im Himmel und auff Erden* […] *alles und in allen sei.*[97]

Im selben Brief verkündet sie die frohe Botschaft, dass Gott *die Liebe Münchausen Wieder gesund gemacht* habe. Und – äußerst aufschlussreich für den starken Glauben der beiden – heißt es dazu, dass sie gemerkt habe, sobald Francke für Anna Louise gebetet habe: *Zu der stunde Verließ ihr daß fieber.*

Wie schon im Brief zuvor nimmt die Liebe zu Christus einen zentralen Stellenwert im Leben der Pietistinnen ein. Jesus Christus soll – so Johanna Magdalenas Credo – ihr *bester schatz im Leben und Sterben sein.*

Beide Freundinnen haben bei ihrem Aufenthalt in Halle Zugang zum engsten Mitarbeiterkreis August Hermann Franckes gefunden. Neben dem Examensbüchlein übersandte Francke auch eine Schrift Joachim Langes für die Schwester Bartha Elisabeth in Wolfenbüttel. Diese – so Johanna Magdalenas Bericht – habe sich sehr

96 Anna Magdalena Francke geb. von Wurm (1670–1734) ∞ 1694.

97 AFSt/H F 14/460, 1722 August, S. 1–2. Hier auch das Folgende.

über das Büchlein gefreut. Joachim Langes Worte seien ihr *alle recht ins Hertze eingedrungen. Der Liebe Gott laße es doch zur ihre glaubens stercke dienen.*

Der Hallenser Theologieprofessor Joachim Lange (1670–1744) führte seit 1705 im Sinne seines Kollegen Francke die weiterhin schwelende Auseinandersetzung um theologische Grundfragen mit den Vertretern der lutherischen Orthodoxie. Johanna Magdalen selbst setzte sich später mit der Publikation Langes über die *130 Fragen aus der neuen mechanischen Philosophie* auseinander, das 1734 erschien und in ihrem Büchernachlass verzeichnet ist.

Der Brief endet mit vielen Grüßen an die Vertrauten in Halle, so auch an Julius Heinrich Elers, an den und seine *schönen lehren* sich die beiden Kapitularinnen oft erinnern würden. Einen Monat sei es nun her, dass sie in der Fremde gewesen seien. Julius Heinrich Elers (1667–1728), einer der engsten Mitarbeiter Franckes, hatte die Buchhandlung gegründet und war Leiter der Waisenhausdruckerei. Aufgrund des wachsenden Spendenaufkommens konnten im Verlag des Waisenhauses in den zwanziger Jahren mehr als eine halbe Million Schriften verlegt werden, darunter 350.000 Drucke von Predigten August Hermann Franckes.[98]

Weitere Briefe wanderten im August zwischen Johanna Magdalena, Anna Louise und Francke hin und her. Im Oktober erreichte Francke ein Paket aus Bennstedt mit einem Brief und einem Diarium Anna Louises, daneben 20 Rt für die christliche Mission und 15 Rt für das hiesige Witwenhaus.[99]

Einen letzten Brief an den verehrten Theologen sandte Johanna Magdalena im Dezember und preist darin die Engel, unter deren Schutz sie gestanden und die sie durch das Weltengetümmel geleitet hätten:

Der Herr sey gepriesen, der mich durch den schutz seiner Heiligen Engell gesund Wieder Hergeführet, ob Ich Zwar in mancher beängstiegung geweßen, so bin doch auch Wieder Erquicket Worden und habe Erfahren, Wie treu Gott ist. Wer nun auff ihn Horret, den schenket Er auch neue Krafft, und ist mir die Erbauhung über den spruch 1 Corinter ca 1 vers 30 auch in den Weltgetümmell gantz lebendig geworden, da Habe ich erst erfahren, Warumb daß die Erbauhung Hatt müßen gehalten Werden.[100]

Aus diesen Zeilen sprechen die Ängste und Strapazen, die die beiden jungen Frauen auf der Reise ausgestanden haben. Hinter den Begriffen „Beängstigung" und „Weltengetümmel" verbergen sich manche Unannehmlichkeiten, die eine so weite Reise in verschiedenen Postkutschen, mit Übernachtungen in unbekannten Gasthäusern und vielleicht auch mit unangenehmen Reisegenossen mit sich gebracht hat. Die Worte Franckes gegen Ende des Gebets seien ihr *gar Erwecklich,* gewesen.

---

98 Obst: Francke, S. 62

99 Tagebuch 1722: 10. Oktober.

100 AFSt/H F 14/457–458, 1722 Dezember 15, S. 1. Das Folgende S. 2–3.

Abb. 28 Johann Anastasius Freylinghausen (1670–1739)

Langanhaltend wirken seine Abschiedsworte im Bewusstsein der Pietistinnen nach und werden immer wieder erinnert, repetiert und meditiert.

Gott solle doch unsere Hertzen Erfüllen Von allen, Was in dießer Stunde geredet Worden, und uns alles deßen Erinnern durch seinen Heiligen Geist, dieße Verheißungen hatt mir der Liebe Heyland gantz Lebendig in meiner Seele gewircket, die Herlichen Ermahnungen, so sie mir auch noch bey den Abscheid mit gaben.

Auch die Auslegung von Bibeltexten durch Johann Anastasius Freylinghausen, der bei den Konventikeln anwesend war, beeindruckten sie: *Wie auch des Herrn Freylinghaußen sein Sprüchen Offenbarung Johanni ca 3 vers 8 sind mir nicht aus meinen Gemüthe gekommen.*

Johann Anastasius Freylinghausen (1670–1739), der Schwiegersohn und Nachfolger Franckes in Halle, war Schöpfer des bedeutendsten Gesangbuches des Pietismus.[101] Von ihm finden sich in Johanna Magdalenas Büchernachlass sechs Werke, von denen die ersten beiden Titel – *Grundlegung zur Theologie,* Halle 1703, und *Ein Hallisches Compendium in 2 Bänden,* Halle 1705 – noch von ihrer Tante stammten, während das Liederbuch und die drei neueren Predigtsammlungen – *Übung der Gottseeligkeit in Geistlichen Liedern,* Halle 1714, *Catechismus Predigten,* Halle 1730, *Jubell Zeugnis,* Halle 1730, und *Bus Predigten,* Halle 1734 – von ihr selbst erworben wurden.

---

101 Im heutigen Evangelischen Gesangbuch finden sich noch immer die häufig gesungenen Lieder „Macht hoch die Tür“ und „Morgenglanz der Ewigkeit“.

Johanna Magdalena beschließt ihren Brief an Francke mit der Bitte um Einschluss in seine Gebete und wünscht ihm Gottes Segen. Sie unterschreibt als seine getreue Tochter: *Ich Ergebe sie der Liebe und Gnade unsers Immanuel und bitte mich ferner ihres Gebehts aus. Der Herr seegene sie reichlich an Seel und Leib. Ich Verbleibe Lebens Lang getreue Tochter JM de Bismarck.*

Im Postskriptum erbittet sie die Zusendung der beiden Predigten, die er über den Heldenmut der Gläubigen und die Gnade Gottes gehalten hat. Der rege Austausch mit August Hermann Francke, ihre Bitte um geistliche Lektüre und der Austausch dieser Schriften wiederum mit Gleichgesinnten verdeutlichen die Intensität, mit der Johanna Magdalena und ihre Glaubensschwestern den wahren Glauben und die Liebe zu Jesus Christus in den Mittelpunkt ihres Lebens gerückt haben.

4. Die pietistische Gemeinschaft

4.1 Seelenfreundschaften – Sophia Floriane von Griesheim

Der Kontakt mit den Gleichgesinnten in Halle wird nach der Rückkehr der Freundinnen nach Fischbeck mit zahlreichen Briefen aufrechterhalten. Die untereinander geführte Briefkorrespondenz hat großes Gewicht, da sie die zumeist selten mögliche persönliche Begegnung ersetzt und die Freundschaften wachhält. Die Briefe enthalten nur wenige persönliche Informationen, sie festigen und bezeugen jedoch ein Gefühl der Zusammengehörigkeit und gelten als „Seelenbesuch". Für die Schreibenden ergab sich die Möglichkeit, die eigene Befindlichkeit und die Empfindungen genau zu analysieren und dem Gegenüber ausführlich darzulegen. Gleichgesinnten Freunden und Freundinnen konnte man sich anvertrauen und sich dabei von der Überfülle des im Inneren Bewegenden entlasten. Tagelang wurde an den Briefen gefeilt bis die Übereinstimmung mit den eigenen seelischen Empfindungen gelungen erschien.

Aufschlussreich für das große Bedürfnis nach Nachrichten aus Halle ist ein Brief, den Johanna Magdalena im November 1722 an Sophia Floriane von Griesheim in Halle richtet. Die Briefe der Griesheim seien eine so große Freude für sie, schreibt Johanna Magdalena, dass sie häufiger gesandt werden sollten, denn: *Gedencken sie doch an die abweßenden Von den reichen überfluß, so sie da genießen, auch Was mitt zu theilen.*[102]

Sie erinnere sich häufig an die tröstlichen Sprüche, die der Herr Professor in der Singstunde ausgelegt habe, und stellt sich vor: *Nun Werden Sie Woll balde daß 17 ca*[pitel] *anfangen, ich Wollte daß Wir dargegen Wieder dortt Weren.*

In ihrer Begeisterung für die Sache der Pietisten trennt sich die junge Frau erneut von einem Paar Ohrringen, die sie unter einigen Spitzen versteckt nach Halle sendet. Sie bittet ihre Freundin, den Professor auf das Versteck der Schmuckstücke unter den Spitzen aufmerksam zu machen: *Meine Liebe Fl Griehesheim Haben nur die gutheit, Wenn sie Zu den Herrn proffesser Kommen und bestellen dießes, die oringe seind in den papier unter die Spitzen mitt nadelen angesteckt, Vielleicht Haben Sie ße Schon gefunden.*

Francke erhält diesen Brief am 22. November, äußert sich in seinem Tagebuch aber nicht weiter über den versteckten Schatz. Wie zuvor wird er diese Kleinodien einem seiner Mitarbeiter zum Verkauf übergeben und den Erlös für die pietistische Sache verwendet haben.

---

102 AFSt/H F 14/455–456, 1722 November 14. Hier auch das Folgende.

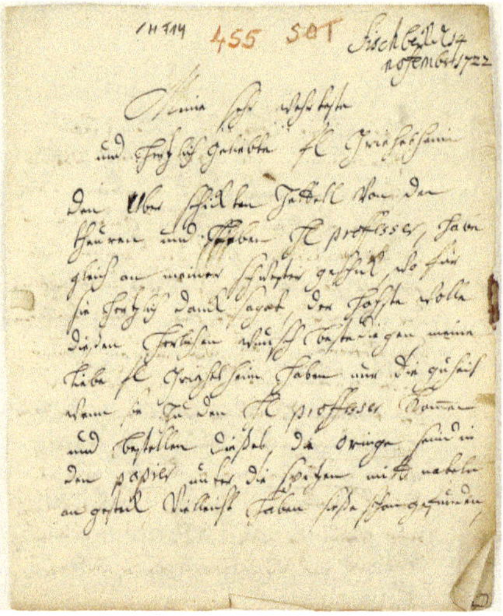

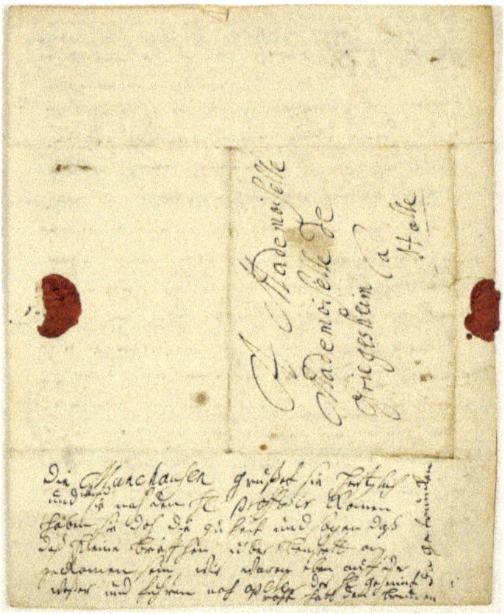

Brief 2 Johanna von Bismarck, 1722 November 14, S. 1 und 4.

Johanna Magdalenas Briefe sind überbordend. Ohne Rand sind sie vollgeschrieben, ihr Name ist kaum leserlich in die rechte untere Ecke gequetscht. So viel hat sie mitzuteilen, dass der Platz nicht ausreicht und noch ein Postskriptum an die Seite gesetzt werden muss. Die Grüße gar, die sie von ihrer Freundin Anna Louise ausrichten lässt, müssen auf dem Umschlag Platz finden: *Die Munchausen grüßet Sie Hertzlich und Wird sie nach den Herrn proffesser komen*. Offensichtlich plant die Freundin erneut eine Reise nach Halle.

Die Briefe aus diesen Freundschaftszirkeln waren nicht nur für die jeweilige Empfängerin gedacht, sondern wurden zur weiteren Lektüre an andere Interessierte weitergegeben. Johanna Magdalena bedankte sich für einen Brief Franckes, den Sophia Floriane von Griesheim ihr als Kopie zugesandt hatte. Diesen Brief habe sie sogleich an ihre Schwester in Wolfenbüttel verschickt.

Auch Bartha Elisabeth steht in Verbindung mit den Schwestern von Griesheim. Im August 1721 hatte sie die jüngere der Schwestern, Dorothea Margarete, in Polle besucht. Wenig später, am 27. November 1721, verstarb diese im Frauenzimmerstift in Halle. Drei Jahre später erinnert sich Bartha Elisabeth in einem Brief an Francke an deren Abschiedsworte: *Wen mier angst ist so ruffe ich den Herren an. Diese andenckungs Worte gab mier die Liebe Seelige Frl. Krigesheimen mit, als ich vor 3 Jahren, den 2. Auguste, in Polle war, es war das Lezte, was Sie zu mier sagte, wie ich abscheidt von Ihr genommen.*[103]

103 AFSt/H C 841: 22, 5–8. 1724 November 11.

Seine Antwort auf dieses Schreiben soll Francke gleich an die Schwester der Verstorbenen, Sophia Floriane von Griesheim, senden, die sich nach dem Tod ihrer Schwester zu ihrem Bruder nach Jena begeben hat.[104]

Aus den Briefen an Sophia Floriane von Griesheim wird deutlich, wie eng die Schwestern mit der Haller pietistischen Gesellschaft verflochten sind. Johanna Magdalena erwähnt mehrere Namen, darunter neben einem gräflichen Haus auch bürgerliche Pietistinnen – eine Frau Rabe und die Fräulein Sentüren und Kühne –, die alle mit guten Wünschen bedacht werden. Die in den Briefen gepflegten Seelenfreundschaften überwanden auf der Grundlage der gemeinsamen Frömmigkeit die sonst übliche Abgrenzung des Adels gegenüber dem Bürgertum.

4.2 Hofdame zu Wolfenbüttel – Bartha Elisabeth von Bismarck

Im Sommer 1721 hatte sich auch Bartha Elisabeth zu einem Besuch bei Francke in Halle eingefunden. Im Jahr darauf erinnert sie sich daran, dass sie *das Lengst gewünschte Vergnügen hatte, ewr Hoch Ehr Würden selbst zu sprechen,* was *noch in keiner Vergeßenheit kommen, sondern in steten andenken ist.*[105]

In diesem Brief schildert sie auch den Aufenthalt ihrer Schwester und deren Freundin in Wolfenbüttel im Juni 1722: Die beiden seien drei Wochen bei ihr gewesen und hätten ihr *von den Schetzen, so Sie durch den Seegen Gottes dort gesamlet, auch was mit getheilet.*

Anna Louise hatte ihr das Büchlein *Heiliger und Sicherer Glaubens Weg* mitgebracht, wofür sie sich von Francke einen Sinnspruch wünscht, den sie in das Büchlein einkleben möchte. Auch Magister Joachim Lange habe sich bei ihr gemeldet und ihr das schöne Buch *Betrachtung von Gnade und Wahrheit* mit dem *höchst schetzbaren Denkspruch* Franckes überreicht. Johanna Magdalena habe ihr von der Vermählung seines Sohnes Gotthilf August mit Johanna Henriette Rachals[106] berichtet, dazu sendet sie *von Hertzen Gelückwünsche, Seegen und Läben immer und ewiglig.*

Bereits im August schreibt Bartha Elisabeth erneut an Francke und bedankt sich für den erbetenen *Andenkungs Wunsch* und die Zusendung seiner Predigt *Alles und in allen Christus* für das Fest Maria Heimsuchung. Beides habe sie mit höchster Freude gelesen. Die Predigt habe sie überzeugt, dass erst eine *gentzlige*

---

104 AFSt/W Rep.1, X/IV/2:176, Nr. 14.

105 AFSt/H A 166: 24 1–4, 1722 Juli 26.

106 Johanna Henriette Rachals (1697–1743), Tochter der kursächsischen Kammersekretärs Johann Georg Rachals, ∞ 25. Juni 1722.

selbst Verleugnung und aller Vergängligen Welt Lust und Creaturliebe für härgehn mus, dazu wolle [ihr] *der treue Jesus seine Stärke und Krafft gäben.*[107]

Seit ihrer Abreise aus Küstrin stand Bartha Elisabeth der Herzogin Elisabeth Sophie[108] in Wolfenbüttel als Oberhofmeisterin zur Seite. Ihr half sie beim Aufbau einer Bibelsammlung, die diese auf Auktionen und durch Ankauf aus Privatbesitz erwarb oder durch Schenkungen erhielt. Im Laufe der Jahre kamen 1161 Bibeln in verschiedensten Sprachen zusammen, darunter Handschriften, Lutherübersetzungen und biblische Bücher anderer Konfessionen, die später den Grundstock der Bibelsammlung der Herzog August Bibliothek bildeten.

Daneben ist Bartha Elisabeth für die Erziehung der Kinder des Wolfenbütteler Fürstenpaares[109] zuständig. Francke berichtet sie von der Andacht, die einer der kleinen Prinzen – der dritte Sohn des Fürstenpaares Prinz Ludwig Ernst[110] – beweise, der zwar noch nicht lesen könne, sich aber ein Buch vornehme, um daraus zu beten: *Und sagte solchen nachdrücklige schöne Lob Worte aus seinem Hertzen mit solchner andacht, das ich recht bewunderte was für schöne bewägung durch den heiligen Geist in solcher zarten Seele gewürcket wird.* […] *Es ist der 3 Princ, sie sein noch nicht vier Jahr.*[111]

Die Princes – Prinzessin Elisabeth Christine[112] – *lasen sich auch wohl an.* Beide Kinder waren Enkel von Herzog Anton Ulrich und jüngere Geschwister von Anton Ulrich d. J., dem späteren Ehemann der russischen Zarin Anna Leopoldowna.[113] Elisabeth Christine wurde 1733 Gemahlin Friedrichs II. von Preußen. Die Ehe blieb kinderlos, der Kronprinz hielt sich überwiegend bei seinem Regiment auf und die Kronprinzessin vertrieb sich auf Schloss Rheinsberg die Zeit beim Malen mit Pinsel und Farbe. Es spricht für das Renommee Bartha Elisabeths, dass ihr die Erziehung der Fürstenkinder anvertraut wurde. Bartha Elisabeth selbst hoffte, dass sie die Kinder weiterhin betreuen könne, solange ihre Zeit als Hofdame noch währte. Seit Jahren wartete sie auf eine Kapitularinnenstelle im Stift Cappel. Wird ein Platz im Stift vakant – so schreibt sie –, *den mus ich hin.* Die gewünschte Vakanz in Cappel ergab sich aber erst 1738.

---

107 AFSt/H A 166: 25, 5–6, 1722 August 28.

108 Elisabeth Sophie Marie, Herzogin zu Braunschweig-Wolfenbüttel (1683–1767) ∞ 1710 August Wilhelm, Herzog zu Braunschweig-Wolfenbüttel (1662–1731), Sohn Herzog Anton Ulrichs.

109 Ferdinand Albrecht II., Herzog zu Braunschweig-Wolfenbüttel (1680–1735), Sohn Ferdinand Albrechts I., Enkel Herzog Augusts II. und Antoinette Amalie, Herzogin zu Braunschweig-Wolfenbüttel (1696–1762).

110 Ludwig Ernst, Herzog zu Braunschweig-Wolfenbüttel (1718–1788), kaiserlicher und niederländischer Feldmarschall.

111 AFSt/H A 166: 25, 7–8, 1722 August 28.

112 Elisabeth Christine, Herzogin zu Braunschweig-Wolfenbüttel-Bevern (1715–1797).

113 Vgl. den Abschnitt über Ludolf August von Bismarck im fünften Teil des Buches.

Im nächsten Brief vom November bedankte sie sich bei Francke für die Zusendung eines Briefes durch den Grafen Hoberg.[114] Sie klagt darin über das beschwerliche Leben bei Hofe und hofft, dass sie mit der Erziehung der fürstlichen Kinder etwas Gutes bewirken und sie in der Liebe und Nachfolge zum Heiland erziehen könne.

Die Hindernißen aber, die das Christenthum so schwär machen, sind so gros, in sonderheit bey Hove, wie Eur Hochwürden beßer bekannt als mir, […] *dabey die pflichten bedenke, so mir obliegen wägen dieser Fürstligen Kinder, ihrer Geistligen und Leibligen Erzihung* […], *das ich* […] *was gutes Schaffen möge bey diese Fürstlige Kinder mit Ermanen und anreizung zur Liebe und Nachfolge unsers getreuen Heilandes.*[115]

Ihr Einfluss scheint nicht folgenlos geblieben zu sein, denn als Königin von Preußen übersetzte Elisabeth Christine deutsche Erbauungsschriften und Predigten ins Französische und war auch selbst literarisch tätig.[116]

4.3 Familie von Münchhausen – Hieronymus, Otto und Katharina

Einen kleinen Blick auf das alltägliche Leben der Damen in Fischbeck ermöglicht das Postskriptum in einem Brief an Sophia Floriane von Griesheim, in dem es im November 1722 heißt: *Wir Waren eben auff der Weßer und fuhren nach Apeler, der Herr geheims raht hatt den brunnen da getrunken.*[117]

Offensichtlich wurde eine Bootstour auf der Weser unternommen, die anschließend auf Schloss Apelern endete, der Residenz von Anna Louises Bruder, dem Wolfenbütteler Kammerpräsidenten. Mit ihm zusammen suchten die beiden die Heilquelle in Rodenberg auf, aus der der Herr Geheimrat „den Brunnen trank".

Die Mineralquelle war bereits seit 1546 bekannt, doch erst Hedwig Sophie von Brandenburg,[118] die Mutter des Landgrafen Wilhelm VII. von Hessen-Kassel, verhalf dem Gesundbrunnen während ihrer Regentschaft zu übergreifender Popularität. Sie ließ eine Saline erbauen und richtete dort ab 1662 einen Badebetrieb ein. Vom achteckigen Brunnenplatz führten drei Alleen rechtwinklig ins Land.

---

114 Von Hoberg (später Hochberg) ist der Name eines alten schlesischen Adelsgeschlechts.

115 AFSt/H C 841: 21, 1722 November 26, S. 2–3.

116 Eine Zusammenstellung ihrer Schriften findet sich bei Woods/Fürstenwald: Schriftstellerinnen (…) des deutschen Barock, S. 96.

117 AFSt/H F 14/455–456, 1722 November 14.

118 Hedwig Sophie von Brandenburg (1623–1683), Regentin 1663–1677.

Vorschriften kannten die Betreiber damals noch nicht: Das Badewasser floss in die Aue.[119]

Anna Louises Bruder Hieronymus von Münchhausen war nach seinem Studium in Halle als Kammerjunker in den Dienst der Herzöge von Braunschweig-Wolfenbüttel[120] getreten. 1716 wurde er zum Kammerpräsidenten und Oberberghauptmann befördert und trat gleichzeitig auch in den Dienst des Herzogs zu Blankenburg.[121] 1727 fiel er bei Herzog August Wilhelm wegen Beleidigung des Landesherrn in Ungnade, wurde aber von dessen Bruder Herzog Ludwig Rudolf geschützt, der sich bei Kaiser Karl VI. für ihn einsetzte. Daraufhin erhielt er in Wolfenbüttel einen ehrenvollen Abschied als Wirklicher Kaiserlicher Kammerherr mit Pensionsanspruch und blieb erster Minister im Fürstentum Blankenburg, ab 1731 dann auch in Braunschweig-Wolfenbüttel. Bis zu seinem Tode diente er insgesamt sechs regierenden Herzögen zu Wolfenbüttel und erwarb dabei dem ganzen Land „unsterbliche Verdienste“[122].

Nicht nur das Auf und Ab der Karriere des Bruders wird den beiden Freundinnen entsprechenden Gesprächsstoff geliefert haben. Viel mehr noch bewegte das private Schicksal des Bruders, der in den Jahren von 1711 bis 1719 sechs Söhne im Kleinkindalter verloren hatte, darunter drei Kinder an zwei Tagen im Juni 1714. Zwei weitere Söhne und drei Töchter starben in den zwanziger Jahren, ohne das Erwachsenenalter erreicht zu haben. Von insgesamt 14 Kindern überlebten lediglich zwei Töchter und ein Sohn.[123] Während dieser Jahre suchte Hieronymus Trost im vermehrten Briefkontakt mit August Hermann Francke. Allein für das Jahr 1722 vermerkte Francke vier Schreiben des Kammerpräsidenten.[124]

Ein weiterer Vertreter des Münchhausen'schen Geschlechts wird ebenfalls das Interesse der Kapitularinnen auf sich gezogen haben. Ganz in der Nähe des Stifts Fischbeck auf dem Rittergut Schwöbber kultivierte Otto von Münchhausen die erste Ananas auf deutschem Boden. 1715 besuchte sogar Zar Peter I. die Orangerien und bestaunte die mediterranen Gewächse. Auch dieser Gartenfreund stand den beiden Damen nahe, hatte Otto sich doch 1689 mit einer Fischbecker Stiftsdame vermählt. Dieser seiner Auserwählten, Anna Sidonie von Arenstedt,[125] hatte Otto

119 https://www.schaumburger-wochenblatt.de/2017-04-01-als-das-badewasser-noch-in-die-aue-floss.

120 Rudolf August und Anton Ulrich (1633–1714), nachfolgend Herzog August Wilhelm.

121 Ludwig Rudolf, Bruder von August Wilhelm.

122 Lente/Mahrenholz: Münchhausen, S. 179.

123 Ferdinand von Münchhausen (1719–1780) auf Apelern und Nienfeld, Reichspostminister in Braunschweig.

124 Tagebuch 1722: 15. April, 3. und 20. Mai, 14. November.

125 Anna Sidonie von Arnstedt a.d.H. Otzdorf (1662–1703) ∞ 1689 Otto von Münchhausen (1643–1717) auf Schwöbber.

bei ihrer Einführung in das Fischbecker Kapitel als Aufschwörer zur Seite gestanden. Der bleibende Eindruck, den beide voneinander gewonnen hatten, führte dazu, dass Anna Sidonie schon drei Jahre später die Florkappe einer Stiftsdame mit der ehelichen Haube vertauschte. Anna Sidonie war eine Nichte von Äbtissin Elisabeth Sidonie von Arenstedt oder – in der damaligen Zeit waren die Damen über die Verwandtschaftsverhältnisse bestens orientiert – die Tochter von Johanna Magdalenas Großonkel.

Ebenfalls zum engeren Kreis um Francke gehörte – wie gezeigt[126] – die Oberstallmeisterin Katharina Sophia von Münchhausen.[127] Sie engagierte sich nicht nur mit zahlreichen Spenden für die Schulstiftung in Halle, sondern plante selbst die Einrichtung eines Waisenhauses. Ende April 1723 ließ Frau von Münchhausen Francke ihren Besuch melden, besuchte seine Predigten und speiste mit ihm zu Mittag. Im Juni war auch ihre Tochter, die Frau Marschallin von Hanstein, mit von der Partie. Im Dezember ging ein Brief von ihr bei Francke ein nebst 219 Rt für das Waisenhaus. Er bemerkte dazu: *So viel hat sie auch verwichenen Sommer hergegeben. Sind also die 500 fl Meißn., die sie lieber bey ihrem Leben abgeben, als per testamentum nach dem Tode laßen wollen, Dero intention gemäß ausgezahlt.*[128]

Im Juni 1724 ließ die Frau Oberstallmeisterin erneut ihre Ankunft melden und verehrte dem Waisenhause 16 Rt.[129] Im September besuchte sie den Professor nach der Predigt gemeinsam mit ihrer Enkelin, „der kleinen Schulenburgin“[130]. Mehrere Briefe wechselten im Juli und September 1725 zwischen Halle und Rudolstadt, wo die Oberstallmeisterin offensichtlich den Sommer verbrachte.[131] In dieser Korrespondenz ging es vermutlich um das Waisenhaus, das Katharina Sophia in Straußfurth für acht Kinder einrichtete und dessen Eröffnung am 25. Oktober 1725 stattfand.[132]

4.4 Nachrichten aus Küstrin – Sophia Louise von Bismarck

Neben der Pflege des Freundeskreises in Halle und den Begegnungen mit der Familie von Münchhausen hielt Johanna Magdalena Kontakt zu ihren Schwestern. Für die jüngste Schwester Charlotta war mittlerweile das Geld für eine Aussteuer

---

126 Vgl. Kap. 3.6.

127 Vgl. Anm. 84.

128 Tagebuch 1723: 11. Dezember.

129 Tagebuch 1724: 28. Juni.

130 Ihre Tochter Sophie Magdalene (1698–1763) heiratete 1714 Achatz von der Schulenburg. Lenthe/Mahrenholtz: Nr. 618.

131 Tagebuch 1725: 19. Juli und 19. September.

132 Schloms: Weibliche Handlungsspielräume, S. 187 f.

zusammengespart worden. Der Auserwählte war der magdeburgische Oberstleutnant Wolf Ludwig Freiherr von Bornstedt zu Dahlen,[133] mit dem sie – mittlerweile 27 Jahre alt – 1722 die Ehe schloss.

Zu den beiden in Küstrin verbliebenen älteren Schwestern Anna Sidonia und Sophia Louise blieb der Kontakt auf den Briefverkehr beschränkt, durch den alle wichtigen Nachrichten von Ost nach West und zurück gelangten. Sophia Louises Briefe unterscheiden sich dabei von denen ihrer Schwestern durch einen stärkeren Bezug zu ihrer Lebenswirklichkeit, wodurch auch das Schicksal ihrer Angehörigen in den Blickpunkt gerät. Sie und ihre Schwester gehörten ebenfalls zur Anhängerschaft August Hermann Franckes und hegten seit langem den Wunsch, den Haushalt ihrer Stiefmutter zu verlassen. Mit der Bitte, in das Frauenzimmerstift in Halle aufgenommen zu werden, wandte sich Sophia Louise bereits im Juni 1715 an Francke. Damals schrieb sie mit zierlichen schwungvollen Schriftzügen an den Herrn Professor:

Ob mir Zwar derselbe unbekandt, so habe ich doch viel von dero renomierten conduite gehoret und daraus ein gutt vertrauen zu Mhgh gefaßet, wie den vernomen, das unter andern lobwürdigen dingen Mhgh auch ein fröll Stifft auffgerichtet, da zu ich den sonderliche inclination trage nebst meiner Elsten Schwester, uns beide dahin zu bringen. Sie fragt an, *wie es mitt denselben im stifft bewandt, was all vor froll darinen seindt.*[134]

Nach Franckes Vorstellungen sollten im Stift unverheiratete Frauen und Witwen sowie solvente verwaiste junge Mädchen „vornehmen Standes" aufgenommen werden. Das Hallesche Frauenzimmerstift pietistischer Prägung unterschied sich dabei von anderen Einrichtungen dieser Art dadurch, dass Frauen bürgerlichen und adligen Standes ohne Ansehen der Geburt gemeinsam miteinander leben sollten. Eine *Fräulein-Stifts-Ordnung*[135] stellte allen Frauen frei, wieder auszutreten, wenn sie sich verheiraten wollten. Von den dort erzogenen jugendlichen Waisenmädchen versprach sich der Gründer, dass diese nach einer Eheschließung als Mütter im Sinne der pietistischen Reform wirken und ihre Kinder entsprechend erziehen würden. Als Leiterin der Einrichtung fungierte eine Gouvernante, etliche Stiftslehrer unterrichteten die jungen Schülerinnen. Die Oberaufsicht und die Vergabe der Plätze lagen allein bei August Hermann Francke.

Ihre Familie – so Sophia Louise in ihrem Schreiben – sei ihm ja durch ihren jüngeren Bruder wohl bekannt, und ihre Vermögensverhältnisse würden es ihr durchaus erlauben, in ein Stift einzutreten. Jeder Schwester stünden aus dem väterlichen Erbe jährlich 75 Taler zur Verfügung, derzeit müsse sie ihrer Stiefmutter

133 Dahlen bei Ziesar im Landkreis Potsdam-Mittelmark gelegen.

134 AFSt/H F 14 B 461–462, 1715 Juni 15, S. 1–2. Das Folgende S. 2–3.

135 Weibliche Stiftung nebst Ordnung (1704), Staatsbibliothek Preußischer Kulturbesitz Berlin, Nachlass Francke, Kapsel 1 (StaBi, NF, K1), M4, Nr. 9: 19–24.

davon 30 Taler an Kostgeld überlassen. Es bliebe also noch ein Spielraum, falls der Unterhalt im Damenstift darüber liegen würde. Das würde sie nicht stören, denn – so schreibt sie, sie habe *dar einen schönen Gottesdienst versichert und beßere gelegenheit* [...], *zu gottseligen Übungen* [ihre] *Zeitt anzuwenden.*

Mit dieser religiösen Motivation entsprach sie ganz den Vorstellungen des Anstaltsleiters, der von den Bewohnerinnen einen streng geregelten Tagesablauf mit morgendlichen und abendlichen Betstunden erwartete. Aufgaben in der Krankenpflege und die Unterrichtung der jüngeren Waisenmädchen sollten vor Müßiggang bewahren. Kontakte mit der Umwelt außerhalb der Stiftung sowie der Empfang von Besuchern und Besucherinnen waren nicht erwünscht. Neben dieser weitgehenden Entsagung von ihrer Umwelt standen das Gebot des schlichten und schmucklosen Auftretens und die Abkehr von der „Welt der Eitelkeiten". Auch das sollte dazu beitragen, Standesunterschiede zu nivellieren. Alle Frauen, gleich welchen Standes, hatten sich der Autorität der Gouvernante zu fügen.

Bereits zuvor hatte Sophia Louise ihrer Tante, der Äbtissin von der Asseburg, ihren und ihrer Schwester Wunsch nach einem Aufenthalt in Halle mitgeteilt und um ihre Zustimmung gebeten: *Ich habe neulich an Meine tante geschrieben, das wir beide geschwister gesint wehren, uns nach dem Hallischen gedachten stiffte zu begeben, umb ihren consens mitt zu haben, hoffe mitt ehsten antwordt zu Erhalten.*

Eine Antwort blieb aus, denn kurz darauf starb Marie Elisabeth von der Asseburg, ohne ihren Nichten behilflich gewesen sein zu können. Auch von Seiten der Stiefmutter wurde der Wunsch der beiden Schwestern, Küstrin zu verlassen, nicht unterstützt. Vielmehr wollte Margarete Helene die beiden nicht ziehen lassen. Gänzlich zunichte gemacht wurde der Plan dann durch den Tod von Anna Sidonia, Anfang März 1721. Mit bewegten Worten schildert Sophia Louise die letzten Lebenstage ihrer Schwester:

Es hatt dem lieben Gott gefallen, vor 3 wochen meine Elteste Schwester uns von der Seitte zu reißen, da wir einen Schweren Kampf an ihr Zusehen müßen, den sie mitt Sünde, Todt, Teuffel und Hölle aushalten müßen, der dauerte meist 12 Stunden, hernach wardt sie getröst und freudig zum Sterben, nach 2 Tagen des gehabten kampffes schlieff sie sanfft und seelig ein, der Kampff hatt mich sehr gedemütiget, ich habe ihr treulich helffen Kempffen und ringen. Gott wirdt mir wieder beistandt schaffen, wen meine Zeit komen wirdt.[136]

Gleich nach dem Tod ihrer Schwester sandte Sophia Louise 30 Rt für das Waisenhaus nach Halle. Francke notierte, dass der Brief mit dem wertvollen Inhalt von Henriette von Oeppen überbracht wurde: *Von der Fräulein von Oeppen, Henrietten,*

136 AFSt/H F 14 B 463–464, 1721 April 1, S. 3.

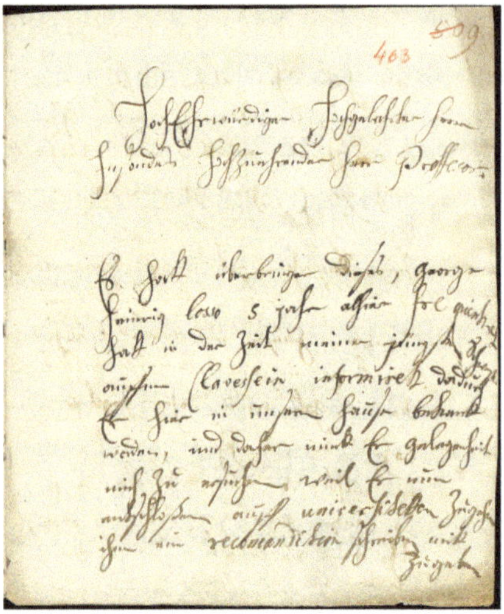

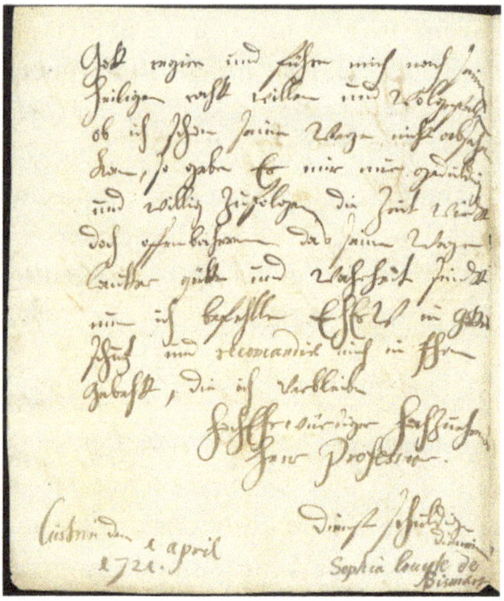

Brief 3 Sophia Louise von Bismarck, 1721 April 1, S. 3 und 4.

welche ein Päcklein überbracht von der Fräulein von Bißmarck in Cüstrin; darin ein Brief u. 30 rth fürs Wh.[137]

Weitere Spenden gingen 1722 in Halle ein. Einmal sind es 2 Dukaten für das Waisenhaus, dann 6 Rt, die sie jeweils über Johanna Magdalena einliefern ließ.[138] Francke vermerkte dazu in seinem Tagebuch, es seien von den 6 Rt 4 Rt für das Waisenhaus und 2 Rt für die Missionare *destiniert*.[139]

Im Juli 1723 versprach Sophia Louise, aus der Erbschaft ihrer Schwester erneut 30 Rt zu senden,[140] die auf mehrere Termine verteilt werden sollten. Zum Jahresende wurden die restlichen 20 Rt für das Waisenhaus durch Johanna Magdalena eingeliefert. Sophia Louise engagierte sich ersichtlich besonders für die Waisenkinder, deren Status ja auch ihr eigener war. Zwar lebte sie noch im Haushalt ihrer Stiefmutter, was aber offensichtlich nicht ohne Schwierigkeiten ablief. Das klingt aus ihren Worten an, die die Spende begleiten: *Die große Treue Gottes habe ich hoch Zu rühmen und Zu preisen, die mir durch hartte umbstände bis hier her geholffen hatt.*[141]

Doch nicht nur die Waisenkinder standen im Zentrum von Sophia Louises Fürsorge. Sie kümmerte sich auch um einen unbemittelten jungen Mann, dem sie

---

137 Tagebuch 1721: 9. März.

138 Tagebuch 1722: 1. März und 18. Juni.

139 Tagebuch 1723: 26. Januar.

140 AFSt/H F 14 B 465–466.

141 AFSt/H F 14 B 465–466, 1723 Juli 19, S. 2.

zu einer Ausbildung in Halle verhelfen wollte. Über ihren Schützling berichtet sie im April 1721:

Es hatt überbringer dieses, Georg Heinrich Losso, 5 jahre alhier frequentieret, hatt in der Zeit meiner jüngsten Schwester auffm Clavesseir informiret, dadurch Er hier in unserm Hause bekandt worden, und daher nimtt Er gelegenheit mich Zu ersuchen, weil Er nun entschloßen, auff universitetten Zu gehen, ihm ein recomandition schreiben mitt zu geben. Als habe ihm solches nicht versagen wollen, Sie können indeßen thun, was Ihnen beliebt, seinem verhaltten nach ist Er hier, so viel als mir bewust, still und from gewesen, sein ansuchen ist, das Er gerne wollte an den ordeneren Freitisch auff dem Weisen Hause und andern beneficies, damitt Er in seiner armuht subsistiren könne.[142]

Georg Heinrich von Lossow, der einem uradligen märkischen Adelsgeschlecht entstammte, wird bereits vier Monate später, am 16. August 1721, an der Universität Halle zum Theologiestudium immatrikuliert und erhält Freitisch und Unterkunft.

Im September 1723 trifft ein erneuter Todesfall die Familie:

Vor 14 Tagen starb meines brudern Töchtterchen hier bey uns, ein kind von 3 jahren, da sahe man großen jammer an, ich habe Gott sehnlich umb seine Erlösunge angeflehett, welche auch baldt erfolgett. Die krankheit wehrette nur 7 Tage, es war ein fieber, allein die [...] *schwere Noht kam mitt zu.*[143]

Es ist der jüngste Bruder Georg Friedrich von Bismarck, der seine Tochter verlor. Francke ist er wohl bekannt. Eine Zeitlang besuchte er in Halle das Pädagogium Regium, eine Schule für Söhne aus adligen und bürgerlichen Familien, deren Absolventen mit königlichem Privileg von 1702 die bevorzugte Aufnahme in staatliche Ämter zugesichert wurde. Anschließend war Georg Friedrich als Fähnrich in die Armee des Pannwitz'schen Regiments eingetreten. 1719 heiratete er Amalie von Mardefeld, deren erstes Kind mit drei Jahren verstarb und betrauert wurde. Später wurde dem Ehepaar noch die Tochter Hermine Margarete[144] geboren.

Nach dem Tod ihrer Schwester wird für Sophia Louise der Wunsch noch dringender, Küstrin zu verlassen und wie ihre Schwestern in einem Damenstift Unterkunft zu finden. Ihre Stiefmutter jedoch steht diesen Wünschen ablehnend gegenüber, und Sophia Louise mag sich ihr nicht widersetzen. Ihr Gewissen würde zu sehr belastet werden, schreibt sie im März 1724 an den *Professer et Minister de la parolle de Dieux a Halle*:

Ich habe offt getrachttet, Ihres ortts eine reise Zu thun, auch Gott darrum angeruffen, das Ers mir wolle gelingen laßen, aber es hatt bis her nicht sein sollen. Gott mus seine heiligen Ursachen haben, nun will auch so baldt nicht wieder dran denken, Weil

142 AFSt/H F 14 B 463–464, 1721 April 1, S. 1 und 2.

143 AFSt/H F 14 B 467–468, 1723 Oktober 1, S. 3.

144 Hermine Margarete von Bismarck ∞ 1738 Wolfgang von Werder auf Brettin.

meine Mutter es gar nicht gerne siehett. So kan und mag ihr nicht zuwieder sein. Mein gewißen würdt gleich unruhig davon.[145]

Einen weiteren Brief an August Hermann Francke schickte sie im März trotz des längeren Postweges über ihre Schwester in Fischbeck. Darin befanden sich selbst hergestellte Spitzen für die Hauben der Waisenkinder, in denen sie einen Dukaten für die Kinder versteckt hatte:

Hierbey übersende vor die Weisen 1 ducatten nebst 7ten halb El [llen] *spitzen, Welche selber verfertigett. Wie kan ich sie beßer enploiren, der ducatte steckett in die Spitzen. Sie Werdens Wohl heraus finden. Ich schicke diesen brief an meine Schwester nach Fisbeck, Weil ich eben an ihr schreibe und Sie mir auch gebehtten, mich an ihr zu adressiren, Wen ich in Halle Was Zu bestellen hette, es wirdt wohl was lange werden, ehe andwordt erhalte. Doch kan es wohl erwartten.* [...] *Ob Wohl unbekandt doch im Geist verbunden Ergebene Diennerin Sophia Louyse de Bismark.*[146]

Im Juni und Juli ließ sie weitere Briefe mit 4 und 2 Dukaten durch ihre Schwester überbringen.[147] Auch 1725 trafen Spenden von 2 Dukaten zusammen mit Spitzen für das Waisenhaus zu zwei Terminen ein.[148] Es scheint, als ob die junge Frau jeden Dukaten, den sie erübrigen konnte, nach Halle schickte.

Im August wünschte Sophia Louise Francke gute Genesung, da sie gehört hatte, dass er *schwach von Krefften* sei.[149] Durch einen Reisenden übersandte sie erneut einen Dukaten und selbst gearbeitete Hauben für die Waisenkinder.

Vom März 1727 stammt ein letzter Brief Sophia Louises, der von einer depressiven Stimmung und trüben Vorahnungen gezeichnet ist: *Es sterben die leutte dies jahr mehr Wie all ordiner. Gott mache einen jeden bereitt. Der liebe frome Gott erhaltte mich doch fest in seiner gnade. Er stärke mich doch aus der Höhe, das ich getrost im Kampff aushaltten möge.* [...] *Mir deucht, dies jahr Wirdt auch mein leztes sein.*[150]

Weiter berichtet sie davon, dass ihr auf dem rechten Daumennagel ein Totenkopf *erblüht* sei. Ein richtiges Gesicht mit Augen könne man erkennen. Vielen Leuten habe sie es gezeigt und alle wunderten sich sehr darüber. In ihren Gebeten will sie nicht ermüden: *Des Morgens habe die beste andacht, Wen ich aus dem bette auffstehe, den kann ich anderthalb Stunde unverrukt Zu bringen, in einem Gebehtt zu verharren. Ach Herr es ist dein Werck, stärcke mich ferner. Ich bin Erde und Asche.*

145 AFSt/H F 14 B 469–470, 1724 März 4, S. 2.

146 AFSt/H F 14 B 477–478, 1724 März, S. 1–3.

147 Tagebuch 1724: 7. Juni und 19. Juli.

148 Tagebuch 1725: 21. April und 29. September.

149 AFSt/H F 14 B 473–474, 1726 August 12, S. 1.

150 AFSt/H F14 B 475–476, 1727 März 29, S. 1 und 2. Das Folgende S. 3.

Doch nicht sie, sondern August Hermann Francke stirbt wenig später. Sophia Louises Wunsch nach einer Begegnung mit ihm wird sich nicht erfüllen. Mehr Glück hatten ihre Schwestern.

4.5 Noch einmal Halle, 1723

1723 steht August Hermann Francke auf dem Höhepunkt seiner beruflichen Karriere. Weithin in Deutschland und im Ausland findet sein Reformprojekt Anerkennung und Nachahmung. Seine Aufgaben sind so vielfältig, dass er ihnen kaum gerecht werden kann: die Leitung des Waisenhauses, seine Professur an der Universität, sein Pfarramt in Glaucha und um 1715 auch noch der Ruf an die St. Ulrichs Kirche in Halle. Daneben steht er in brieflichem Austausch mit zahllosen Gläubigen, Freunden und Zeitgenossen in aller Welt, die Rat und Hilfe von ihm erbitten. Tausende Briefe sind erhalten. Johanna Magdalena ist eine von vielen Briefpartnerinnen. Auch sie ergreift jede Gelegenheit zum Kontakt mit Francke.

Zu Beginn des Jahres 1723 gehen zahlreiche Briefe von ihr in Halle ein.[151] Francke antwortet darauf umgehend und fügt Predigtexte bei, für Anna Louise „die seelige Beobachtung", und für das Fräulein von Bismarck „die Singstunde über Röm. 8,8."

Am 18. März 1723 gratuliert Johanna Magdalena ihm zu seinem 60. Geburtstag und preist Gott dafür, dass der Herr Vater seinen Geburtstag erleben kann: *Der Hl sey auch in dießen jahre ihr sonne und schild und laße alle ihre Arbeit geseenet sein.*[152]

Bei dieser Gelegenheit bedankt sie sich noch einmal für die Erbauungsstunde, an der sie im März des Vorjahres teilnehmen durften:

Es ist mir noch gahr erinnerlich, Wie sie Vohren jahre am 22 Märts in ihren Hauße uns eine geseenete Erbauuhung Hielten über die Epistel auff Judica und daß 9 und 10 ca[pitel] *Ebistell an die Ebreer,* [...] *Ich dancke denn auch dem Hochsten, daß Es sich so fugete, daß ich auch eben zugegen Wahr, und Wurden mir die Worte tieff in mein Hertze ein gedrucket.*

Im Verlauf ihrer Ausführungen steigert sie sich in eine schwärmerische, gefühlsselige, geradezu verzückte Anbetung des Heilands hinein, den sie als ihren Seelen-Bräutigam bezeichnet. Die persönliche Hingabe an den Glauben bekommt dabei mystische Züge, wenn es um die Überhöhung des Eigenblutes Christi und die brennende Liebe zu Jesus geht.

Wie Christus als der rechte Hohe Priester Einmahl durch sein Eigen blut in daß Heyliege eingegangen und hatt eine Ewige Erlosung funden; dieße Worte erquicken

151 Tagebuch 1723: 30. Januar, 15. und 16. Februar.

152 AFSt/H A 177: 42, 1723 März 18. Hier auch das Folgende.

mich gar inniglich, [...] *Ach daß doch auch mein Hertz Hier durch mehr entzundet Würde, daß es brennette in der Liebe zu meinen Seelen Breutigam. Du, O Jesu, solt allein ewig meine Freude sein.*

An späterer Stelle heißt es: *Der Heilige geist würke doch in meiner Seele und tödte in mir alles, Was noch fleischlich gesinntes in mir ist, daß ich mitt einen Kindlichen geist auch Aba lieber ruffe, derselbiege geist Vorgewißere mich in meinen Hertzen, daß ich auch ein Kind Gott und Mitt Erben der Ewiegen Seeligkeit sey und bleibe in alle Ewigkeit.*

Die überspannte persönliche Gottesliebe geht einher mit der überhöhten Verehrung der Person Franckes als des Mittlers zwischen Gott und seinen Geschöpfen auf Erden:

Zu denen beforstehenden feyerdage schencke sie der Getreue Gott Vielle Krafft und Weißheit an Seel und Leib, daß sie mitt freuden daß Evangelium Verkundigen. [...] *Ich werde denn auch nicht nachlaßen den Hochsten fur sie zu bitten, daß sie Noch Vielle jahre in seegen Erleben, der Herr laße seine gnade reichlich über sie fließen und beschutze und beschirme sie für allen ubell. Ich Will mich denn ihrer fürbitte befohlen haben und Verbleibe von Meinen sehr Wehrtesten Herrn Vater Eine Ergebende Tochter.*

Konsequent in der Umsetzung von Franckes Gebot der praktischen Nächstenliebe ist Anna Louise, die sich erneut – wie schon 1719[153] – für die Bildung und Erziehung eines Waisenkindes aus Fischbeck engagiert. Im Januar 1723 bedankt sie sich für die ihr von Francke zugesandten Schriften[154] und reist anschließend nach Halle. Dort trägt sie ihm ihr Anliegen vor, einen zehnjährigen Fischbecker Waisenjungen namens Christian Wilhelm Schwarz in die Schulstadt aufzunehmen. Christian Wilhelm stammt aus einer eingesessenen Familie in Fischbeck: Großvater Johannes Schwarz war Pastor, Vater Johann Heinrich Organist in der Stiftskirche gewesen.[155] Im März ist Anna Louise zurück in Fischbeck,[156] gratuliert von dort Francke zum Geburtstag und erneuert ihre Bitte um die Aufnahme des Jungen.[157] Bereits zwei Wochen später bedankt sie sich bei Francke, der ihrer Bitte zügig entsprochen hat.[158] Nun lässt sie nicht mehr locker und fragt nach, wann der Waisenjunge nach Halle gebracht werden könne.[159] Im Album der Knabenwai-

---

153 Vgl. Anm. 73.

154 SBB-PK: Stab/F 15,2/18:15 Mikrofilm-Nr.:10, 1005–1006, 1723 Januar 24.

155 ASF IX.c.2. Johannes Schwarz war Pastor von 1656 bis 1677. Vgl. Oldermann, Stiftsprediger, S. 248 f.

156 SBB-PK: Stab/F 15,2/18: 15 Mikrofilm-Nr.: 10, 1001–1002, 1723 März 18.

157 SBB-PK: Stab/F 15,2/18: 15 Mikrofilm-Nr.: 10, 999–1000, 1723 März 18.

158 SBB-PK: Stab/F 15,2/18: 15 Mikrofilm-Nr.: 10, 1007–1008, 1723 April 4.

159 SBB-PK: Stab/F 15,2/18: 15 Mikrofilm-Nr.: 10, 1055–1056, 1723 Juli 7.

senanstalt[160] ist die Aufnahme Christian Wilhelms für den 15. Juli 1723 vermerkt. Drei Jahre später, am 12. Oktober 1726, beginnt Christian Wilhelm sein Studium an der Lateinschule in Halle. Ein weiterer Angehöriger, möglicherweise der Bruder, der Organist Carl Franz Schwartze, erscheint 1746 und 1753 als Zeuge unter Testamenten von Stiftsdamen in Fischbeck.[161]

Gemeinsam haben die beiden Freundinnen den Jungen nach Halle gebracht. Vom Juli 1723 bis August 1724 bleiben sie dort, ihr Aufenthalt nur unterbrochen durch Besuche bei Anna Louises Schwester in Bennstett. Auch das Weihnachtsfest und den Jahreswechsel verbringen sie in diesem Jahr in Halle.

4.6 Ausflüge nach Lauchstädt, 1724 bis 1726

Zahlreiche Gespräche und Singstunden im Hause Francke prägen den Beginn des Jahres 1724.[162] Francke notiert in seinen Tagebüchern getreulich alle Besucher und Besuchten, alle ankommenden und abgehenden Briefe, alle Predigten und Betstunden. Das gesamte Pensum von sehr arbeitsreichen Tagen entsteht vor den Augen der Lesenden. Hin und wieder gönnen er und seine Frau sich auch einen Tag Erholung. So vermerkt er für den 4. Mai 1724 einen Ausflug gemeinsam mit den beiden Fräulein aus Fischbeck in das unweit Halles gelegene kleine Städtchen Lauchstädt,[163] wo sich alle vier des Brunnens bedienen: *Bin nebst meiner Frauen nach Lauchstädt gefahren, u. daselbst mit Fräulein von Münchhausen u. Fräulein von Bismarck, die sich des brunnens bedienen, gesprochen.*

Um 1700 wurde in der bis dahin unbedeutenden kleinen Landstadt eine Mineralquelle entdeckt, deren heilkräftige Wirkung der Mediziner Friedrich Hoffmann (1660–1742) von der Universität Halle erkannt hatte. Mit dem seinerzeit berühmten Arzt stand Francke in freundschaftlicher Beziehung. Hoffmanns Analyse ergab, dass das erfrischend schmeckende Mineralwasser heilsame Wirkungen bei Stoffwechsel- und Harnwegserkrankungen besitze. Daraufhin kümmerte sich Herzogin Erdmuth Dorothea[164] um die Einrichtung eines Bades. Sie ließ die Quelle einfassen und die ersten Kuranlagen ausbauen. 1710 wurde ein hölzernes Brunnenhäuschen errichtet. Rundherum angepflanzte Linden bildeten ein grünes Gewölbe. Südlich des Schlosses führte ein von Buchsbaumkegeln gesäumter Weg direkt zu der Quelle.

---

160 AFSt/S B I 93 Album der Knabenwaisenanstalt Bl. 79, Nr. 800.

161 ASF: VI.c.3.

162 Tagebuch 1724: 9. Januar, 1., 5., 15. und 19. März, 24. April.

163 Heute: Bad Lauchstädt im Saalekreis in Sachsen-Anhalt südwestlich von Halle.

164 Erdmuth Dorothea von Sachsen- Zeitz (1661–1720) ∞ Christian II. von Sachsen-Merseburg (1653–1694).

Abb. 29 Badehaus

Später, als sich das Bad zum bevorzugten Badeort des Dresdner Hofes entwickelte, wurde auch ein Sommertheater erbaut.

Bereits am folgenden Sonntag wird erneut ein Ausflug nach Lauchstädt unternommen: *Heute bin abermals ex cura valetudinis mit meiner Frauen nach Lauchstedt gefahren; da wir mit denen beyden Fräuleins Von Münchhausen u. von Bismarck gespeiset, ein wenig ins Feld gegangen, das dasige Schloß besehen.*

Am 2. Juni folgt gemeinsam mit Fräulein von Oeppen ein weiterer Ausflug in die Heide. Die Gesellschaft erklimmt einen Weinberg und singt gemeinsam *Singt dem Herrn Nah und fern.* Auf dem Rückweg treffen die Wanderer auf Franckes Sohn Gottfried August und Pastor Meyer, die sie weiter begleiten, *da wir wieder uns durchs Wort miteinander erwecket u. gebethet biß zu 6 Uhr.*

Mehrfach werden die beiden Freundinnen zum Essen bei Franckes eingeladen,[165] speisen gemeinsam mit Franckes Sohn, dem Grafen Reuß, dessen Gemahlin und dem Rat Cellarius.[166] Bei weiteren Essen sind der Oberaufseher von Grießheim, dessen Tochter und Gemahlin sowie Frau Kühne und Familie zugegen. Am 8. August nehmen Johanna Magdalena und Anna Louise Abschied von Halle. Das folgende Jahr verbringen sie nun in Fischbeck.

165 Tagebuch 1724: 11. und 14. Juni, 31. Juli und 3. August.

166 Nachkomme des Christoph Cellarius (1638–1707), seit 1694 Professor für Rhetorik und Geschichte an der Universität Halle.

Abb. 30 Wandelhalle (erbaut nach 1776)

Abb. 31 Parkanlage in Bad Lauchstädt

Zu Beginn des Jahres 1725 wechseln zunächst mehrere Briefe zwischen Anna Louise, Johanna Magdalena und Francke.[167] Im September notiert Francke dann erneut ihre Ankunft und empfängt wenige Tage später ihren Besuch. Im Oktober versammeln sich auf Franckes Einladung hin einige Gläubige in seinem Hause, um für die in Russland gefangenen Schweden zu beten. Mit dabei sind der Oberst von Issendorf, Dr. Paul Anton, Sophia Floriane von Griesheim, Frau Francke, Fräulein von Bismarck, Pastor Anastasius Freylinghausen und Franckes Sohn Gottfried August. Ein letztes Mal sind die Freundinnen am 30. Dezember zu Besuch bei Franckes.

Nach einer kurzen Rückkehr nach Fischbeck lassen sich im März 1726 Franckes Tagebuch erneut allwöchentliche Besuche entnehmen.[168] Im April versammeln sich nach der Vormittagspredigt acht Studenten aus Jena, die zum Osterfest herübergekommen sind, bei Francke. Mit dabei sind mehrere Damen, darunter auch die Fräulein von Münchhausen, von Bismarck und von Oeppen. Eine von ihnen hält in der „Speise-Stube" des Hauses eine „Erbauung" über den 97. Psalm. Gemeinsam mit Franckes Schwester speisen alle anschließend zu Mittag. Ein letzter Besuch der beiden Freundinnen wird für den 31. August notiert, danach brechen die Einträge aufgrund der zunehmenden körperlichen Schwäche des Professors ab.

Wie schwer muss es für Sophia Louise in Küstrin gewesen sein, von diesen zahlreichen Begegnungen zu erfahren. Nicht verwunderlich, dass sie sich ausgeschlossen fühlte und ihr Ende nahen sah. Sie sandte ein letztes Mal am 7. April einen Dukaten für das Waisenhaus.

Der Aufenthalt im August 1726 in Halle brachte die letzte Begegnung der beiden Damen mit dem verehrten Professor. Im November 1726 erlitt Francke einen leichten Schlaganfall, von dem er sich leidlich erholte. Im Mai 1727 erkrankte er erneut schwer und starb am 8. Juni 1727. Mit der Nachricht seines Todes, die nur wenige Tage später in Fischbeck eintraf, verloren beide Freundinnen ihre wichtigste geistliche Bezugsperson. Die Gespräche in der Runde der Anhänger Franckes, die Auslegung der Predigten und die Repetition der Sing- und Gebetsstunden gehörten der Vergangenheit an. Johanna Magdalena, die Francke als ihren *Vater in Christo* bezeichnete, wird es besonders hart getroffen haben.

Die Gemeinschaft der „Erweckten" geriet in Vergessenheit. Stattdessen schmückt sich der nahe Halle gelegene Badeort heute damit, im Verlauf des 18. und 19. Jahrhunderts zum Treffpunkt führender Literaten und Kulturschaffender geworden zu sein. So vertrauten Gottsched, Goethe, Schiller, Hegel, Eichendorff, Wagner und viele andere auf die Heilkraft der Quelle.

---

167 Tagebuch 1725: 8., 9. Januar, 14. Februar. Das Folgende am 26. und 29. September und am 20. Oktober

168 Tagebuch 1726: 10., 17., 31. März, 3., 8., 21., 23., 28. April, 12., 31. Mai und 31. August 1726.

4.7 Vom Kostfräulein zur Hausdame, 1736

Nach dem Tod Franckes fanden Reisen nach Halle nicht mehr statt. 1730 und 1736 bezogen die beiden Freundinnen im Stift Fischbeck eigene Wohnungen, die ihnen eine selbständige Haushaltsführung ermöglichten, jedoch mit der Pflicht verbunden waren, jüngere Kostfräulein am Mittagstisch zu versorgen.

Jedes Mal, wenn eine der Kapitularinnen verstarb, drehte sich das Karussell der Wohnungen im Stift. Das jeweils älteste Kostfräulein stieg nun zur haushaltenden Dame auf und bezog die frei gewordene Wohnung. Zuvor allerdings hatten die bereits einen Haushalt führenden Damen das Recht, in die frei gewordene Wohnung zu ziehen, wenn sie diese für komfortabler hielten als die bisher bewohnte.

1730 erhielt Anna Louise die sogenannte Hauspräbende, nachdem die ihr verwandte Anna Dorothee von Münchhausen verstorben war[169] und sie deren Wohnung beziehen konnte. Für Johanna Magdalena wurde erst 1736 nach dem Tod der Franzeline Catharina von Zerssen die Wohnung *unterm Schlafhaus,* im Untergeschoss des ehemaligen Nonnenschlafsaals, frei.[170] Die Wohnung war nicht sehr beliebt, da sie ebenerdig und daher ziemlich fußkalt war. So waren vor Johanna Magdalenas Einzug einige Reparaturen fällig. Als Erstes wurde ein neuer Ofen mit Kachelverkleidung gesetzt.[171] Im nächsten Jahr musste ein sogenannter *Trempel,* ein Stützpfeiler, gemauert werden, um das unter der Last der schweren Dachpfannen sich neigende Haus von außen zu stabilisieren.

Johanna Magdalenas Nachlassverzeichnis[172] ermöglicht einen Blick auf ihre nun beginnende Haushaltsführung. An erster Stelle des Inventars werden *fünf schwartze Erden Cofe Töpfe unecht*, drei Milchtöpfe, zwei Teetöpfe, fünf Paar Teetassen, eine Zuckerdose, alle aus „unechtem" schwarzen irdenen Material aufgeführt. Gemeint ist Steinzeug aus Ton, fein geschlämmt und mit Lehm versetzt, gebrannt und poliert, oft mit eingearbeiteten floralen Ornamenten.

Aus *Holländischem Porcelain* gefertigt findet sich *ein Spuhlkump mit 6 paar Tassen rot und golden Blumen.* Sollte es sich dabei um Delfter Porzellan gehandelt haben, das seit der Mitte des 17. Jahrhunderts im Umlauf war, so verwundert die Farbgebung, die nicht royalblau, sondern rot-gold daherkommt.

Eine weitere Sammlung aus Steinzeug, bestehend aus *zwey rothe(n) echte erden Thee Töpfe, Sechs paar Tassen braun mit rothen Blumen, 1 grose Chockeladen*

---

169 ASF: XXX.a.2. Hausbuch der Äbtissin, S. 158: *hat die Hauß prebende gekrigt 1730 durch der Frl. Munchh. Von Voldagsen dodt.*

170 ASF: XXX.a.2. Hausbuch der Äbtissin, S. 160: *Ist zur Hauß prebende gekommen 1736 durch der Frl. Zertzen todt.*

171 ASF: XXII.A.a. Stiftsrechnungen, Nr. 43. 1736–1737, S. 284/5: *Arbeit an Frl. Bismark Haus, Ofen, Kacheln.* Nr. 44. 1737–1738, S. 277: *vor den Trempel in der Frl. Bismarcken Haus zu setzen.*

172 ASF: VI.c.3.

Abb. 32 Stift Fischbeck: Südende des „Schlafhauses“

Tasse, sowie *1 Gläsern Thee Topf, 1 gelb porcellan Thee topf und 1 laquirtes Caffebrett,* vermittelt den Eindruck einer recht zusammengewürfelten Ausstattung, die wahrscheinlich Restbestände von allerlei Erbschaften und Geschenken vereinte, wobei sich mit zahlreichen Teetöpfen der Tee eindeutig als Johanna Magdalenas Lieblingsgetränk ausweist.

Wertvoller waren zwei Garnituren *von Drestener Porcelain, besteht in 6 paar grose Tassen, 6 paar kleine dito (beydes mit Henkeln),* die sie 1753 aus dem Nachlass der Sabina Marie von Arnstedt erhielt und an deren Nichte Agnesa Louisa von Arnstedt weiter vererbte.[173] Dazu gehörten *ein Spühlkump, eine Zucker Schale, ein Thee Topf, ein Milch Topff, eine Thee Dose und Ein ander dessein von Dresdner mit Henkeln blau und weis.* Bei dem von ihr so bezeichneten Dresdner Porzellan wird es sich um Produkte aus der um 1710 etablierten Porzellanmanufaktur in Meißen gehandelt haben, die wahrscheinlich kaum benutzt, sondern nur als repräsentative Objekte ausgestellt wurden.

Uneingeschränktes Reisen war nun nicht mehr möglich. Stattdessen übernahm Johanna Magdalena das Amt der Küsterin. Erstmals 1738 wird im Rechnungsbuch die Ausgabe von 6 Rt und 3 Gr an das Fräulein von Bismarck für den Ankauf von

173 ASF: VI.c.3. *Die elste frl. Arnstedt Chanoinesse hier kann die weißen tehtassen wieder Erhalten, weill ich sie von ihre tante Erhalten habe.*

Abb. 33 Stift Fischbeck: Kreuzhof, 1839

38 Maas *Wein zur Communion*[174] verzeichnet. Für die nächsten 20 Jahre füllte sie dieses Amt aus, letztmalig erwähnt wird ihre Tätigkeit im Jahr 1759.

174 ASF: XXIIa/45a, S. 278.

5. Praxis Pietatis

5.1 Von Schulen und Witwen

Nach Franckes Tod korrespondierten Anna Louise und Johanna Magdalena mit Franckes Sohn Gotthilf August, der gemeinsam mit Johann Anastasius Freylinghausen das Werk seines Vaters fortsetzte. In diesen Briefen geht es vor allem um die praktische Umsetzung des pietistischen Gedankens und die gegenseitige Unterstützung.

Aus der Verinnerlichung des Glaubens sollte die tätige Frömmigkeit, die „praxis pietatis" hervorgehen – so Franckes Aufruf an seine Gemeinde. Auch in Fischbeck war während der Amtszeiten der nachfolgenden Äbtissinnen eine neue Generation von Kapitularinnen herangewachsen, von denen sich besonders die spätere Äbtissin Katharina Juliane von Haus und die Kapitularin Hedwig von Mengersen als karitativ engagierte Pietistinnen auszeichneten.

Für sie stand in den gemeinsam abgehaltenen Konventikeln die Partizipation am Leiden der Mitmenschen im Mittelpunkt. Alles Handeln der „Bekehrten" und von Francke so bezeichneten „Kinder Gottes" sollte dem Nutzen des Nächsten und der Ehre Gottes dienen. Die strenge Ethik des Pietismus war daher verbunden mit der Aufforderung zum karitativen Einsatz für die Armen und Ausgegrenzten der Gesellschaft. Fromme Innerlichkeit gepaart mit gottgefälliger Werktätigkeit bildete die Grundlage der pietistischen Lebensauffassung.

Franckes zentrales Anliegen war die Verbesserung der Schulbildung von armen Kindern. Aus den bescheidenen Anfängen von Klassen mit insgesamt 60 Schulkindern im Jahre 1695 hin zu Schulen mit bis zu 1725 Schülern zum Zeitpunkt seines Todes entwickelte sich die von ihm gegründete Einrichtung[175] zum größten Erziehungsprojekt ihrer Zeit und fand in vielen Gegenden mit pietistischen Anhängern Nachahmung. Francke war damit seiner Zeit weit voraus; in Preußen wurde die Schulpflicht erst 1717 per Edikt König Friedrich Wilhelms I. eingeführt, war jedoch zunächst nicht viel mehr als eine Absichtserklärung.

Seinem Beispiel folgten die Fischbecker Kapitularinnen, deren Sorge einer besseren Schulbildung auch in Fischbeck galt. Um die Bibel im Sinne des Pietismus selbständig lesen zu können, war es nötig, den Kindern lesen und schreiben beizubringen. Heidewig von Mengersen zahlte daher zu ihren Lebzeiten das Schulgeld für einen auf dem Fischbecker Kirchhof wohnenden Jungen namens Ernst Kotensen. Für Schreibunterricht während anderthalb Jahren und für das verbrauchte

175 Hinzu kamen noch 400 Schüler in der Lateinschule. Brecht: Francke, S. 477, 492.

Papier betrug das an den Kantor Justinus Weibezahn (1734–1770) zu leistende Schulgeld 1,28 Rt. Nach Heidewigs Tod, 1758, übernahm Johanna Magdalena die Zahlung des Schulgeldes an den Kantor.

Geregelten Unterricht für Kinder aus den unteren Schichten, besonders auf dem Lande, gab es nicht. Wenn überhaupt Schulen vorhanden waren, so war die Teilnahme am Unterricht von allerlei glücklichen Umständen abhängig. Zum einen mussten die Eltern ihre Kinder während der Sommermonate frei geben, so dass sie wenigstens ein- oder zweimal pro Woche die Schule aufsuchen konnten. An den anderen Tagen hatten die Kinder auf dem Hof und bei der Ernte zu helfen. Im Winter konnten sie sich täglich auf den Weg machen, sofern sie entsprechendes Schuhwerk ihr Eigen nannten. Ausgebildete Lehrkräfte waren ebenfalls eine Seltenheit. In Fischbeck hatten die Kinder das Glück, von einem Kantor angeleitet zu werden, der ihnen zumindest das Singen und das für das Verständnis der Bibel notwendige Lesen beibringen konnte.

Abb. 34 Grabmal Maria Magdalena von der Kuhla, 1737

Abb. 35 Grabmal Katharina Juliane von Haus, 1763

Abb. 36 Gotthilf August Francke (1696–1769)

Auch in den umliegenden Dörfern, in Bensen, Wehrbergen und Haddessen, gab es bereits kleine Schulen. In ihrem Testament vermachte Heidewig von Mengersen dem Schulmeister von Bensen den jährlichen Nießbrauch an ihrem Nachjahreskapital[176] von 60 Rt. Verbunden war die Verfügung mit dem Wunsch, Äbtissin Katharina Juliane von Haus möge für eine sichere Unterbringung des Lehrers sorgen. Dieser Wunsch lässt auf ziemlich bedenkliche Wohnverhältnisse des Schulmeisters schließen. Nachfolgend legierten auch Johanna Magdalena von Bismarck der Schule in Bensen 60 Rt und Äbtissin von Haus sogar 260 Rt.

Anna Louise von Münchhausen vermachte dagegen der Schule in Wehrbergen 30 Rt sowie für Schulbücher armer Kinder 20 Rt. Engel Elisabeth von der Kuhla legierte 1752 den drei Schulen in Wehrbergen, Fischbeck und Haddessen aus den Einkünften ihres Nachjahres ein Legat über 100 Rt, *damit denen armen Schuhl Kindern von dessen jährlichen Zinsen die nöthigen Schuhlbücher alß die Fibul, der Catechismus, das Neue Testament, auch die Bibel angeschaffet und frey gereichet werden können.*[177]

Die elementare Befähigung zum Lesen und Schreiben war also ganz auf das Ziel der möglichen religiösen Erbauung anhand der Bibel und der Einübung eines gottgefälligen Lebens ausgerichtet.

---

176 Das so genannte Nachjahr beinhaltete eine Jahreseinkunft und stand den Erben einer Verstorbenen zu, damit diese von dem Geld die Begräbniskosten bestreiten konnten.

177 ASF: VI.c.1.Bd. 1.

Wie bereits zuvor[178] engagierte sich Anna Louise ein weiteres Mal für einen jungen Mann, dem sie zum Theologiestudium verhalf. Im März 1741 erbat sie von Gotthilf August Francke Unterstützung für Johann Daniel Henze,[179] Sohn des Fischbecker Predigers Friedrich Hieronymus Henze. Gotthilf August sagte zu und versicherte, *daß* [er] *deßelben gern nach aller Gelegenheit, die dazu bekommen werde, anzunehmen bereit sey.*[180]

Tatsächlich absolvierte Johann Daniel von 1741 bis 1747 ein Theologiestudium an der Universität Halle und betätigte sich anschließend in der Judenmission. Als sein Vater nach nur zehnjähriger Amtszeit verstarb, kehrte Johann Daniel nach Fischbeck zurück und übernahm 1749 dessen Predigtamt. Getreu seiner pietistischen Prägung verfasste er mehrere Kirchenlieder, von denen eine Sammlung 1749 in Meißen erschien.[181] Weitere von ihm komponierte Kirchenlieder wurden 1769 in eine Sammlung von Kirchenliedern in Minden übernommen.[182] Doch auch Johann Daniel war kein Glück beschert. Im fünften Jahr seiner Amtszeit – erst 32 Jahre alt – starb er am so genannten hitzigen Fieber. Die beiden Geistlichen wurden mit einem Grabstein gewürdigt, der mit einer heute nicht mehr zugänglichen Inschrift versehen ist.[183] Zurück blieben seine unversorgte Witwe Elisabeth Henze[184] und die minderjährige Tochter Johanna. Um die Not von Mutter und Tochter zu lindern, vermachte Heidewig von Mengersen den beiden je 20 Rt auf Rentenbasis. Erst 1771 gelang es der Predigerwitwe, eine Anstellung als Aufseherin des Waisenhauses von Stadthagen zu erhalten. Bis 1781 konnte Elisabeth dort den Lebensunterhalt für sich und ihre Tochter verdienen.

So wie Elisabeth Henze standen auch andere Witwen von Stiftsangestellten im Fokus der testamentarischen Verfügungen. Katharina Juliane von Haus bedachte die Amtmannswitwen mit einem Legat in Höhe von 200 Rt.[185] Engel von der Kuhla verschrieb den Nießbrauch von 100 Rt zum *Bessern Unterhalte* der Predigerwitwen. Dem Predigtstuhl vermachte sie ein Kapital von 200 Rt, dessen jährliche Zinsen der Prediger verbrauchen sollte. Auch der Stiftsamtmann erhielt zur Verbesserung

---

178 Vgl. Anm. 73 und 153.

179 Johann Daniel Henze (1721–1753), Sohn des Friedrich Hieronymus Henze (1693–1748), der von 1738–1748 als Prediger in Fischbeck tätig war. Vgl. Oldermann: Stiftsprediger, S. 251 ff.

180 AFSt/H C 808:14, 1741 März 24.

181 Sammlung einiger erbaulicher Lieder zum Haus und Privatgebrauch (anonym), Meißen 1749.

182 Bautz: Biographisch-Bibliographisches Kirchenlexikon, Bd. 2 (1990) Spalte 726.

183 Der Grabstein wurde 1631 für den Vogt Jobst Brase und seine Ehefrau angefertigt, nach dem Tod Johann Daniels dann auf der Rückseite in Zweitverwendung für Vater und Sohn Henze genutzt. Heute ist er mit der Vorderseite an der Mauer des Äbtissinnengartens aufgestellt, so dass die Inschrift auf der Rückseite nicht mehr zu lesen ist.

184 Agnesa Dorothea Elisabeth Henze, Tochter des Pfarrers Johann Conrad Schmidt.

185 ASF: XI.b.2.Bd. 1.

Abb. 37 Grabmal Engel Elisabeth von der Kuhla, 1752

seines Salärs die Zinsen von 200 Rt, der Kantor und der Organist die Zinsen von je 100 Rt.[186]

Mit der Vergabe von 800 Rt für soziale Zwecke steht Engel von der Kuhla in der Reihe der Kapitularinnen des 18. Jahrhunderts einmalig da. Bei ihr wird besonders deutlich, wie die pietistische Reformbewegung die Kapitularinnen zu einer neuen Wahrnehmung ihres traditionellen kirchlichen und sozialen Auftrags anregte.

Einige Jahre später sorgte der Fund eines Findelkindes auf der Treppe zur Abtei für Aufregung und zeigt, dass das Stift offensichtlich auch Anlaufstelle für in Not geratene junge Mütter war. Die damalige Äbtissin Elisabeth Sybille von Dincklage nahm das Kind bei sich auf und sorgte für eine entsprechende Schulbildung. In ihrem Testament von 1793 bestimmte sie: *Das mir zugebrachte, vor meiner Thüre gefundene Kind aber soll drey hundert Reichsthaler haben, und ich wünsche sehr, daß eine meiner Niecen daselbe nach meinem Tode zu sich nehmen und seine Erziehung besorgen möge.*[187]

Dreihundert Rt waren eine beachtliche Summe, und die Verfügung zeigt, dass die Damen ihrer Verpflichtung zu christlicher Caritas in aller Konsequenz nachkamen.

---

186 ASF: VI.c.1.Bd. 1.

187 Ebd.

Die pietistische Bewegung wurde in Fischbeck mithin nicht nur lesend und betend rezipiert. Vielmehr nahmen die von ihr „Bekehrten" Einfluss auf soziale Missstände und beteiligten sich praktisch-finanziell an Bildungs- und Versorgungsprojekten.

5.2 Waisenhäuser in Schaumburg

Auch am Hof zu Bückeburg hatte der Pietismus mittlerweile Anhänger gefunden. Gut vorstellbar ist es, dass die Fischbecker Damen mit ihrer Verortung in der pietistischen Bewegung auch in Verbindung mit Gräfin Johanna Sophie zu Schaumburg-Lippe (1673–1743) standen. Zwischen 1714 und 1728 hatte die Gräfin als Oberhofmeisterin der hannoverschen Kurprinzessin am Londoner Hof gelebt und dort Kontakte zu pietistischen Predigern geknüpft. Nach ihrer Rückkehr in die Grafschaft reformierte sie gemeinsam mit dem Superintendenten Eberhard Daniel Hauber (1695–1765) das kirchliche Leben in Schaumburg-Lippe und unterstützte die Ausbreitung des Pietismus Hallescher Prägung. Haubers Predigten lösten eine Erweckungsbewegung aus, die „sich weit über die Grenzen der Stadt aus (breitete) und zu einer religiösen Aufbruchsstimmung in dieser Gegend" führte.[188] Ihrer pietistischen Überzeugung ließ Gräfin Johanna Sophie auch Taten folgen: 1737 richtete sie nach dem Vorbild August Hermann Franckes das Waisenhaus in Stadthagen ein,[189] in dem die eben erwähnte Witwe Henze später ihre Anstellung fand.

Nicht auszuschließen ist es, dass Johanna Magdalena und Anna Louise an den Erbauungsversammlungen Haubers im Stadthäger Pfarrhaus teilnahmen oder den Einladungen der Gräfin zu pietistischen Erbauungs- und Bibelstunden ins Schloss folgten. Dort fanden sich auch andere fromme Angehörige des Schaumburger Adels ein,[190] so die Familien von Gadenstedt, von Oheimb, von Münchhausen zu Remeringhausen wie auch Wilhelmine Sophie von Münchhausen,[191] die erste Ehefrau des Ministers Gerlach Adolph von Münchhausen aus Hannover.[192] In Hannover war sie Mittelpunkt der in den dreißiger Jahren entstandenen Konventikel von kirchlich orientierten Pietisten, bis diese 1740 von der Regierung verboten wurden. Zu ihren Erbauungsstunden lud die adlige Dame Personen aus allen Ständen ein.[193]

188 Jakubowski-Tiessen: Pietismus in Niedersachsen, S. 435.

189 Wagener-Fimpel: Leben im Geist, S. 103 ff.

190 Ebd.: S. 97 f.

191 Wilhelmine Sophie geb. von Wangenheim a.d.H. Tüngeda (1701–1750) ∞ 1715.

192 Gerlach Adolph Frhr. von Münchhausen (1688–1770), unter Kurfürst Georg II. Minister des Kurfürstentums Hannover, 1734 Begründer der Georg-August-Universität Göttingen, ab 1753 Kammerpräsident für das Ressort Finanzen, unter Georg III. 1765 Premierminister.

193 Jakubowski-Tiessen: Pietismus in Niedersachsen, S. 430.

Denkbar ist es, dass auch die beiden Kapitularinnen aus Fischbeck in Hannover zu Gast waren.

Deutlich sind die Parallelen zum Frömmigkeitsengagement der Gräfin Johanna Sophie. Johanna Magdalena setzte sich mit der gleichen Halleschen Erbauungsliteratur auseinander, die sich auch die Gräfin aus der Frankeschen Buchhandlung in Halle zusenden ließ. Beide besaßen Predigten und Liedtexte von Johann Anastasius Freylinghausen, das „Spruchkästlein“ von Heinrich von Bogatzky und die Sterbebeschreibung „Letzte Stunden“ des schlesischen Grafen Henckel.[194] Es kann kein Zufall sein, dass sich unter Johanna Magdalenas Büchern auch eine Ausgabe von Adam Ludwig Gieses Abzugspredigt aus Wernigerode befand, hatte doch Gräfin Johanna Sophie diesen Prediger 1735 für die vakante Pfarrstelle in Heuerßen gewinnen können.[195] Heuerßen wiederum war Patronatskirche der Familie von Münchhausen zu Remeringhausen. 1741 hatte Giese das Fräulein von Schlegel *aus dem Cöthnischen* geheiratet, die zu den adligen Bewohnerinnen des Halleschen Frauenzimmerstifts gehörte.[196]

Im nahe Fischbeck gelegenen Pyrmont hatte die neue Frömmigkeitsbewegung durch das Wirken der Gräfin Dorothea Elisabeth von Waldeck und Pyrmont (1661–1702) ebenfalls Fuß gefasst. Dem Christentum verbunden zu sein, reichte der Gräfin nicht aus, nach ihrer Überzeugung musste die tätige Ausübung folgen. Zunächst war die Gräfin Äbtissin des freiweltlichen Damenstifts Schaaken, bis sie 1691 den Grafen von Lippe-Brake heiratete. 1697 gründete sie ein Waisenhaus in Pyrmont, wozu sie 1000 Goldgulden aus ihrem eigenen Vermögen für den Bau und die Ausstattung sowie für die wirtschaftlichen Grundlagen der Einrichtung bereitstellte. August Hermann Francke beglückwünschte sie in einem Brief aus dem Jahr 1698 dazu, dass sie *im Glauben auff Gott ein Waysen-Haus im geringen angefangen*[197] habe. Das aufblühende Bad im Weserbergland, in dem auch mehrere Fischbecker Stiftsdamen kurten, bot bald vielen elternlosen Kindern Schutz und Bildungschancen und erfüllte seinen Zweck bis in das 19. Jahrhundert. Nach dem frühen Tod der Gräfin übernahm ihre Schwester Charlotte Sophie (1667–1723), ebenfalls Äbtissin von Schaaken, die Leitung des Waisenhauses.

---

194 Wagener-Fimpel: Leben im Geist, S. 77.

195 Adam Ludwig Griese war von 1731 bis 1735 Hospital-Prediger in Wernigerode, anschließend Hofprediger bei der Fürstin von Ostfriesland, ca. 1741 Garnisonsprediger in Kopenhagen und Pastor in Heuerßen von 1735 bis 1738. Meyer: Pastoren, Bd. 1, S. 496.

196 *Nachricht von denen im Stift zu Glaucha von 1704 bis 1760 befindlich gewesenen Personen:* AFSt/W Rep.1, X/IV/2: 176, Nr. 20.

197 Mehrdorf: Das Pyrmonter Waisenhaus, S. 16.

5.3 Mission in Ostindien

Ein weiteres wichtiges Bildungsprojekt August Hermann Franckes war die protestantische Mission, mit der die christliche Heilsbotschaft nicht nur im lokalen Umfeld, sondern auch in der weltweiten Gemeinschaft der Gläubigen verankert werden sollte. Francke hatte die Mission zunächst in Russland, in England, dem Baltikum und in Osteuropa angeregt. Das sich in Johanna Magdalenas Bücherinventar befindliche Werk des Timotheus Gotthold,[198] *Historie von einigen Schwedischen Gefangenen in Syberien*, legt ihre Kenntnis des Hilfswerks für schwedische Soldaten nahe, die im Nordischen Krieg in Tobolsk gefangen genommen und von Halle aus mit Literatur versorgt und materiell unterstützt wurden.[199]

Schwerpunkt Franckes war die Mission in Ostindien. Die dafür notwendigen Spenden warb der Theologe mit außerordentlichem Organisationstalent ein und überzeugte dabei auch Fischbecker Stiftsdamen, ihr Vermögen und ihre Mitgift in das pietistische Missionsprojekt zu investieren. Bereits 1721 gingen in Halle erstmals Spenden von Johanna Magdalena zu Gunsten der Dänisch-Halleschen-Mission in Indien ein. Diese Mission war eine Stiftung des dänischen Königs Friedrich IV., der 1706 zwei deutsche lutherische Missionare an die südindische Malabarküste, nach Tranquebar,[200] entsandt hatte. Von der dänischen Kolonialbehörde, die ihre Handelsinteressen gefährdet sah, angefeindet, wurde einer der Theologen, Bartholomäus Ziegenbalg (1682–1719), im folgenden Jahr mehrere Monate im Fort Dansborg inhaftiert. Dennoch wuchs die von ihm neu gegründete lutherische Gemeinde bis 1712 auf etwa 221 Mitglieder an, wohl auch weil Ziegenbalg um der besseren Vermittlung seiner Glaubensinhalte willen als Erster die Landessprache Tamil erlernte.

Über Ziegenbalg waren die beiden Fischbeckerinnen bestens informiert. Maria Dorothea Salzmann (*1695), die spätere Ehefrau Ziegenbalgs, war zuvor Bewohnerin des Frauenzimmerstifts in Halle gewesen. Bei einer Rückkehr Ziegenbalgs nach Halle, 1714, lernten die beiden sich kennen. Anlässlich ihrer Hochzeit 1715 und der damit verbundenen Übersiedlung der jungen Frau nach Ostindien war ihre Mutter *in eine Melancholie verfallen* – wie es in den Stiftannalen heißt.[201] Über ihre Zeit als erste Missionarsfrau in Südindien verfasste die junge Witwe Maria Dorothea Ziegenbalg später einen Tatsachenbericht.[202]

---

198 Timotheus Gotthold (1663–1714), tätig in Christianzell/Lobenstein. Brecht: Aufkommen, S. 175.

199 Obst: Francke, S. 42.

200 Heute Tharangambadi.

201 *Nachricht von denen im Stift zu Glaucha von 1704 bis 1760 befindlich gewesenen Personen:* AFSt/W Rep.1, X/IV/2:175, Nr. 3.

202 Georgi: Maria Dorothea Ziegenbalg.

Gefördert wurde der Missionsgedanke durch die Briefe der Missionare, die seit 1710 in den „Halleschen Berichten“ gedruckt nachzulesen waren und vor allem in Kreisen des frommen Adels rezipiert wurden. Auch Johanna Magdalena und Anna Louise bezogen die Berichte der Theologen und erfreuten sich im Dezember 1725 ebenfalls an einem Exemplar der *Malarbardischen Lieder*, die der Missionar Benjamin Schultze *ordiniret* hatte. Benjamin Schultze[203] und sein Kollege Nikolaus Dal waren seit 1719 als Missionare der Dänisch-Halleschen-Mission in Tranquebar am Golf von Bengalen, später auch in Cuddalore tätig.[204] Verantwortlich für die Verteilung und Übersendung der Missionsberichte war Christian Benedict Michaelis,[205] der seit 1715 die Aufsicht über die Hallenser Universitätsbibliothek führte. 1721 berichtet er in einem Schreiben an die beiden Missionare in Indien über die Spenden des Fräuleins von Bismarck.

Neben der Information über das Missionsprojekt und der Anregung der Spendentätigkeit dienten die Berichte als wichtiges Kommunikationsmittel für das pietistische Netzwerk in Deutschland und Europa. 650 Hefte wurden im Jahr 1730 versandt, 480 Personen gehörten zum Korrespondentenkreis, von denen 19 Prozent Frauen waren.[206] Die Berichte aus Ostindien weiteten darüber hinaus den Blick der Leserinnen über ihr lokales Umfeld hinaus in die außereuropäische Welt. Von besonderem Interesse für die Damen im abgeschiedenen Schaumburg werden die Eindrücke gewesen sein, die die Missionare über die Geschichte und Kultur Indiens sowie das Leben und die Gewohnheiten der indischen Bevölkerung mitteilten.

Welches Gewicht das missionarische Engagement bei Johanna Magdalena hatte, verdeutlicht ein Blick in ihr Bücherinventar, in dem sich neben den großformatigen Folianten auch die folgenden „Traktätchen“ in Duodez finden:

42 dergleichen von der Juden Bekehrung
60 dergleichen von die Malibaden[207] *und Emigranten.*

---

203 Benjamin Schultze (1689–1760), Studium in Halle bei Francke, übersetzte 1726 in Madras Teile der Genesis in die Sprache der Hindi. 1728 schloss er in Tranquebar die Übersetzung der Bibel in die tamilische Sprache ab. 1743 kehrte er nach Halle zurück und übernahm die Verwaltung der Franckeschen Waisenhäuser.

204 Brecht: Francke, S. 527 ff.; Jakubowski-Tiessen: Pietismus in Dänemark, S. 447.

205 Christian Benedict Michaelis (1680–1764) war seit 1714 Professor der Philosophie in Halle, wurde 1731 Professor der Theologie und 1738 Professor der orientalischen Philologie. Sein Onkel, der Orientalist Johann Heinrich Michaelis (1663–1738), schloss 1720 eine Ausgabe der Bibel in Hebräisch ab.

206 Gleixner: Äbtissin Elisabeth Ernestine Antonie.

207 Malabarden – Tamilen

5.4 Ludolf August von Bismarck

Neben den Kontakten mit den pietistisch „Bekehrten“ fühlte sich Johanna Magdalena weiterhin den Mitgliedern der Familie Bismarck verbunden. Von Zeit zu Zeit erhielten sie und ihre Schwestern Nachrichten von ihrem älteren Bruder Ludolf August. Er wird als ein attraktiver junger Mann beschrieben, *von gewinnendem Äußern,* der eine atemberaubende Karriere in militärischen Diensten und später als Diplomat in Russland machte.

Abb. 38 Ludolf August von Bismarck (1683–1750)

Nach einem Studium in Halle trat er in jungen Jahren in die Armee ein, wurde 1705 zum Leutnant im Regiment des „Kronprinzen zu Fuß“[208] ernannt und zog 1706 in Kriegsdiensten außer Landes. 1714 heiratete er seine 19-jährige Cousine Johanna Margarethe von der Asseburg, die Tochter seines Onkels, des Domherrn zu

208 Kronprinz Friedrich Wilhelm I. (1688–1740), ab 1713 König in Preußen und Kurfürst von Brandenburg.

Halberstadt, Hieronymus August.[209] Die Hochzeit wurde auf der Asseburg gefeiert, auch die damals noch lebende Äbtissin von der Asseburg und ihre Nichte waren vermutlich eingeladen, wodurch Johanna Magdalena die Gelegenheit hatte, ihren jüngsten Bruder und vielleicht auch die Schwestern aus Küstrin wiederzusehen. Ein Sohn und eine Tochter des jungen Paares starben 1716 und 1717 kurz nach der Geburt, allein die 1719 geborene Tochter Albertine Louise[210] überlebte, nicht jedoch ihre Mutter, deren Leben bereits mit 24 Jahren im Kindbett endete.

Während der wenigen Ehejahre hatte Ludolf August 1715 als Oberstleutnant am Feldzug gegen Schweden und an der Belagerung von Stralsund teilgenommen und war 1718 zum Oberst befördert worden. 1719 wurde nicht nur sein privates Glück durch den Tod seiner jungen Ehefrau getrübt, auch seine militärische Karriere erlitt einen empfindlichen Rückschlag. Während seiner Stationierung in Magdeburg erstach er im Zorn einen Bediensteten, versteckte dessen Leiche unter seinem Bett und suchte anschließend sein Heil in der Flucht aus der Garnison. Trotz des Totschlags und der Desertation wurde er begnadigt, jedoch in der Folgezeit zurückgesetzt und bei der Vergabe von Ämtern übergangen. Daraufhin reichte er 1732 seinen Abschied ein und begab sich in den Dienst des russischen Kaiserreichs. Zuvor verkaufte er sein Gut Skaticken[211] in Preußisch Litauen, dem nördlichen Ostpreußen, an seinen Bruder, den Oberst Georg Friedrich von Bismarck auf Briest und Schönhausen.

In Russland nahm seine Karriere eine erfreuliche Wendung, als er im Mai 1733 in Petersburg Katharine Elisabeth Baronesse Trotta von Treyden, eine Hofdame der russischen Kaiserin, kennenlernte und heiratete. Die Schwester seiner Frau, Benigna Gottliebe, verheiratet mit dem Grafen Ernst Johann von Biron, dem späteren Herzog von Kurland, berichtet über Ludolf Augusts Hochzeit:

Die Hochzeit wurde zu Petersburg mit solcher Fröhlichkeit vollzogen, daß die damalige mecklenburgische Prinzessin Anna und der Herzog Anton Ulrich zu Braunschweig, die nachherigen kaiserlichen Eltern,[212] *nebst einem Gefolge von 30 sechsspännigen*

---

209 S. Stammtafel von der Asseburg im Anhang.

210 Albertine Louise von Münchhausen ∞ Friedrich Wilhelm von der Albe (†17.2.1758), Major der preußischen Armee in Halberstadt.

211 Ankauf des Gutes Skaticken vom Obristen von Bismarck. Geheimes Staatsarchiv Preußischer Kulturbesitz, II. HA GD, Abt. 7, II Nr. 129. Kaufkontrakt vom 30. November 1731. (Heute Bolschaja Olchowka, Russland).

212 Anton Ulrich d. J., Herzog zu Braunschweig-Wolfenbüttel (1714–1774) heiratete 1739 die mecklenburgische Prinzessin Anna Leopoldowna (1718–1746), deren Mutter eine Schwester der Zarin Anna Iwanowna (1693–1740) war. Der Erstgeborene des Paares, Iwan Antonowitsch, wurde von seiner Großtante Kaiserin Anna Iwanowna 1740 im Alter von zwei Monaten zum russischen Thronfolger ernannt, 1741 von der nachfolgenden Kaiserin Elisabeth I. Petrowna (1709–1762) gestürzt und musste den Rest seines Lebens (†1764) in Gefangenschaft auf der Festung Schlüsselburg zubringen.

Abb. 39 Benigna Gottliebe von Biron (1703–1782)

Kutschen das junge Paar zum Traualtar begleiteten, und das Vermählungsfest wurde mit einem Balle beschlossen, welchem die Kaiserin Anna [Anna Iwanowna] *selbst in hoher Person beiwohnte.*[213]

Ebenfalls anwesend bei dieser Hochzeit war Hieronymus Carl Friedrich Freiherr von Münchhausen (1720–1797) aus Bodenwerder, der später so genannte Lügenbaron und Neffe von Anna Louises Bruder Hieronymus von Münchhausen, von dem er den Vornamen hatte. Carl Friedrich war Page von Herzog Anton Ulrich d. J. in Wolfenbüttel, den er zu dessen bevorstehender Hochzeit nach Russland begleitete.

Graf Ernst Johann von Biron war ein Günstling der seit 1730 regierenden russischen Kaiserin Anna Iwanowna und verhalf seinem Schwager Ludolf August zur Position eines Generalleutnants. Von nun an nahm dieser als Diplomat die russischen Interessen an den Höfen Europas, besonders in London, wahr und stand als Heerführer im Krieg gegen die Türken und im Polnischen Thronfolgekrieg beim russischen Heer. Später avancierte Ludolf August zum Gouverneur von Riga

---

213 Schmidt: Schönhausen, S. 88, zit. nach Hempel: Merckwürdiges Leben.

und zum Generalgouverneur für ganz Livland. Sein Schwager Biron, dem er zur Herrschaft über Kurland verhalf, charakterisiert ihn in seinen Lebenserinnerungen: *V. Bismarck sieht wohl aus und ist ein so geschickter Hofmann als ein guter Soldat. Darum distinguirte er sich geschwind am russischen Hofe und wurde gleich Generallieutenant.*[214]

Doch erneut erlitt Ludolf Augusts glänzende Karriere einen Knick, als er nach dem Tod der Kaiserin Anna Iwanowna, 1740, im politischen Intrigenspiel am russischen Hof gemeinsam mit seinem Schwager Biron in Ungnade fiel. Die neue, nur ein Jahr als Stellvertreterin für ihren Sohn Iwan VI. regierende Kaiserin Anna Leopoldowna verbannte Biron und Ludolf August mit ihren Familien nach Tobolsk in Sibirien. Dort verbrachten sie die Zeit bis zu ihrer Rehabilitation durch die neue Kaiserin Elisabeth I. Petrowna 1742 im hölzernen Schloss des Vizegouverneurs.

Von all den Wirren um den Zarenthron drangen von Zeit zu Zeit auch Berichte an seine Schwestern in den westfälischen Frauenstiften, die aus der Ferne Anteil nahmen an den Abenteuern und dem Schicksal ihres umtriebigen Bruders. Die Sorge um den 1740 inhaftierten Bruder hat Johanna Magdalena offensichtlich mit Gotthilf August Francke geteilt. Sehr schnell muss sie sich bemüht haben, eine Verbindung zu Ludolf August aufzunehmen, wohl um ihm einige erbauliche Schriften zukommen zu lassen. Die geplante Weiterleitung der Briefe nach Sibirien übernahm Anna Louise von Münchhausen, die die Kontakte ihrer Familie zum Fürstenhaus Wolfenbüttel nutzte. Die kurzfristige Kaiserin Anna Leopoldowna war ja durch ihre Heirat mit dem Prinzen Anton Ulrich d. J. auch Prinzessin von Braunschweig-Wolfenbüttel. Am 12. Januar 1741 reiste Ludolf August von Moskau nach Tobolsk und bereits am 24. März 1741 wurde das Scheitern des von Johanna Magdalena organisierten Bücherversands mitgeteilt. Gotthilf August schreibt dazu an Anna Louise: *An der betrübniß der Frl. v. Bismarck nehme aufrichtigen Antheil, welches denenselben nebst meinen gehorsahmen Empheh*l[ungen] *zu versichern bitte, aber zur beförderung der briefe nach Siberien finde allhier keine Gelegenheit, dahero darin zu dienen nicht im Stande bin.*[215]

Die Verbannung in Sibirien ertrug der Bruder auch ohne die Unterstützung seiner Schwester offenbar bei *vortrefflicher Gesundheit.* Dank seiner *hervorragenden Eigenschaften* und *einflußreichen Verbindungen* betraute ihn die neue Kaiserin Elisabeth I. Petrowna erneut mit diplomatischen Aufgaben, die er mit großem Geschick und zur Zufriedenheit der Kaiserin ausführte.[216] 1747 übertrug sie ihm das Oberkommando über die in der Ukraine stehende russische Armee. Ludolf August blieb allerdings nur noch wenig Lebenszeit, er starb am 4. Oktober 1750 in

---

214 Ebd.: S. 86.

215 AFSt/H C 808: 14, 1741 März 24.

216 Schmidt: Schönhausen, S. 87.

Poltawa in Russland. Seine Witwe zog sich in ihre Geburtsstadt Mitau in Kurland zurück. Da die Ehe kinderlos geblieben war, setzte Baronesse Trotta den größten Teil ihres in die Ehe eingebrachten Vermögens für wohltätige Zwecke ein. 1776 gründete sie zum Andenken an sich und ihren Gemahl das St.-Katharinen-Stift für adlige Witwen und junge Frauen, in dem in erster Linie Nachkommen der Familien von Bismarck und Trotta von Treyden aufgenommen werden sollten.

5.5 Die Schwestern von Bismarck

Näher als der Bruder im fernen russischen Kaiserreich standen Johanna Magdalena ihre Schwestern. Nach 40 Jahren war Bartha Elisabeth endlich auf die gewünschte Kapitularinnenstelle in Cappel[217] vorgerückt und hatte Wolfenbüttel verlassen. Nun unterstützte sie die Äbtissin in den Rechtsgeschäften des Stifts. Bereits 1738 trat sie als Bevollmächtigte in einem Rechtsstreit gegen das Kloster Liesborn auf,[218] im Juli 1754 beurkundete sie als Seniorin einen Erbvertrag.[219]

Doch auch die Verbindung zu der pietistischen Gemeinde in Halle hielt sie weiterhin aufrecht. Von Beginn ihres Aufenthaltes in Cappel, 1738, bis zu ihrem Tod spendete sie Jahr für Jahr ohne Unterbrechung für die Mission in Ostindien.[220] Sie gehörte damit zu den verlässlichsten Unterstützerinnen des Franckeschen Missionswerks und bezog seit 1739 regelmäßig die Halleschen Missionsberichte, die ihr Gotthilf August Francke, 1740 und 1741 mit persönlichen Schreiben verbunden, nach Cappel zusandte.[221]

1741 unterstützte sie sowohl die Mission in Tranquebar als auch einen armen Schüler mit Namen Christoph Friedrich im Waisenhaus mit fünf Talern.[222] Daraufhin fand im Juli ein Dankesschreiben von Gotthilf August seinen Weg nach Cappel, in dem er von der schwierigen finanziellen Situation in Halle berichtet:

Ich habe bey bisheriger Theurung über die ordentliche Zahl noch so viel von armen Knaben, als der Raum im Speisesaal zulaßen wollen, an den Tisch genommen, und Gott hat durchgeholfen, obgleich alhier an Brode wöchentlich 20 scheffel mehr, als iemals vorher geschehen, consumiret worden. Einem solchen armen Kinde, so zwar bey uns mit freyer Kost und information versorget wird, zu seiner übrigen Nothdurft

217 Das Stift Cappel, heute ein Ortsteil von Lippstadt, war ein Frauenkonvent, dessen Gründung den Konstitutionen der Prämonstratenser folgte. Im 16. Jahrhundert wurde es in ein freiweltliches, evangelisches Damenstift umgewandelt.

218 LA NRW Abteilung Westfalen: D 102u / Stift Cappel / Urkunden, Nr. 30.

219 Kreisarchiv Warendorf: N 090 / Liesborn, Hofarchive, Nr. 68.

220 AFSt/M 3 H 9: Missionsarchiv: Indienabteilung

221 AFSt/M 3 L 9: 146 und AFSt/M 3 L 10: 36.

222 AFSt/M 3 H 18: 5, 1741 Juli 19.

aber wenig beytrag von den seinen hat, geschiehet durch Euer Hochwohlgeboren milde Gabe eine sehr große Wohlthat.[223]

Im selben Brief zeigt Gotthilf August sich erfreut *über die glückliche retour und gesegnete Wirkung des gebrauchten Brunnens der Frau Abbatißin und Freul. Schwester.* Er zweifele nicht, *daß dieselben bey ihrer Curreise Erbauung und Segen werden gehabt haben.*[224]

Bei dem Fräulein Schwester, das mit Bartha Elisabeth und der Äbtissin von Cappel gemeinsam zur Brunnenkur gereist ist, könnte es sich um Johanna Magdalena oder um die im nicht weit entfernten Marienstift in Lippstadt lebende jüngere Schwester Beata von Bismarck gehandelt haben. Die beiden Schwestern werden sich von Zeit zu Zeit besucht haben, bis Beata am 9. Januar 1743 im Alter von 52 Jahren verstarb.

Auch von der dritten Schwester gibt es Nachrichten. Kontinuierlich hat Sophia Louise nach August Hermann Franckes Tod von Küstrin aus Kontakt zu seinem Sohn gehalten[225] und die „Halleschen Berichte“ bezogen.[226] Als dann die Stiefmutter der Schwestern, Margarete Helene von Bismarck, 1746 verstarb, ging endlich Sophia Louises Wunsch in Erfüllung, in ein Damenstift aufgenommen zu werden. Zwar erhielt sie keinen Platz in dem von ihr gewünschten Frauenzimmerstift in Halle, konnte sich jedoch über eine Stelle als Kapitularin im Stift Cappel und ein Zusammentreffen mit ihrer Schwester Bartha Elisabeth freuen. Umgehend machte sie sich auf die weite Reise von Küstrin in die Grafschaft Lippe. Von dort ging bereits im September 1746 ihre erste Missionsspende in Halle ein.[227] Während Sophia Louise von Küstrin aus vorrangig die Kinder im Waisenhaus mit einigen Dukaten jährlich unterstützt und mit selbst geklöppelten Spitzenhauben erfreut hatte, spendete sie nun gemeinsam mit ihrer Schwester hauptsächlich für die Mission in Nordamerika.

Gotthilf August weitete die Missionsbewegung über Ostindien hinaus nach Nordamerika aus, wo vertriebene lutherische Salzburger 1734 in Georgia eine Siedlung mit dem Namen des biblischen Ortes Ebenezer gegründet hatten. 1742 erfolgte die Gründung einer lutherischen Gemeinde in Pennsylvania. Es tauchen daher in den Spendenbescheinigungen der Schwestern jetzt vermehrt Zuwendungen für Kirchen dieses Namens auf, so im März 1747 für die Kirche in Ebenezer 15 Rt.[228] Für den Juli 1748 weist eine von beiden Schwestern unterzeichnete Spendenbescheinigung für die Mission 7 Rt und 9 Gr von Bartha Elisabeth und einen Dukaten von Sophia

223 AFSt/H C 353: 1, S. 1, 1741 Juli 27.

224 AFSt/H C 353: 1, S. 2.

225 AFSt/M 3 H 5: 139, 1736 Oktober.

226 AFSt/M 3 L 7: 67, 1739 Mai 6.

227 AFSt/M 3 H 29: 56, 1746 September 15.

228 AFSt/M 5 E 2: 54, 1748 Januar 19.

Louise aus. Das Begleitschreiben eröffnet einen Blick auf Sophia Louises erneut schwermütige Stimmung:

Unser leben fahret schnel dahin als flöhen wir davon [...] *hierbey ist mein Ducatten vor die Mision. Gott laße es gesengenet sein und stärke die arbeitter in dem Wercke des Herren, der treue Heilandt sey ferner mein beistandt in allen begebenheiten. Dieses schreibet zum Andenken der Kinder Gottes S.L. von Bismarck, Capell den 26. Juli 1748.*[229]

Im Juli 1748 bedankt sich auch Bartha Elisabeth für die Zusendung des letzten Missionsberichts, den beide Schwestern *mit rechter Begierde* gelesen und an andere Interessierte weitergegeben hätten. Von der Äbtissin von Lippstadt kämen wohl keine Spenden für die Mission, *weil sie in viel Schulden stecket.*[230] Vier Wochen habe sie in diesem Sommer das Vergnügen gehabt, ihre Schwester aus Fischbeck zu Besuch zu haben. *Wir haben uns recht ermuntert und in Herrn gestercket.*

5.6 Der Tod Anna Louises von Münchhausen, 1746

In Fischbeck musste Johanna Magdalena 1746 den Tod ihrer Freundin Anna Louise verkraften, die mit 64 Jahren nach einer längeren Krankheit verstarb. Darüber berichtet sie am 30. November 1746 in einem von tiefer Trauer, aber auch von Hoffnung auf ein Wiedersehen im Jenseits geprägten Schreiben an Gotthilf August Francke, in dem sie – für die Zeit untypisch – detailliert über die Umstände des Todes ihrer Freundin berichtet:

Hoch Ehrwürdiger, in sonders lieber Hl Dockter.

Es hatt denn Hohsten Gott gefallen, Meine im leben hertzlich geliebtte Mitt schwester Fl (Fräulein) *Münchhausen, den 21. Nofember nach aus gestandener 8 wohende Krankheit durch eine Sanffte und Seeliege auffloßung der Seelen nah in seine Herligkeit zu nehmen. Wie mich nun dießer Verlust sehr schmertzlich ist, kan ich woll nicht genug ausdrucken. Ich weis Eh Ew Werden mitt leiden mitt mir haben, denn Ihnen bekandt ist, den Erbaulichen und Erweckten umbgang, so Ich ettliche Zwantzig jahr mit ihr gehabt. Gott geb mir auch hierin seinen Willen zu Erkennen, daß die leidens zeitt mitt zur Herlichkeit führet. Gott schenckte der seeliegen Fl Munchausen in ihrer Kranckeit, da die schmertzen woll offters groß waren, Eine aus harrende geduld. Der Hl paster Henze besuchte sie fleißig in ihrer Krankheit, welches ihr alle Zeitt Eine besondere Erquickung war. Weill aber die Mattigkeit groß war, konte sie nicht viell sprechen, apart die letzen dage, sie schlieff denn ein unter werenden gebeht des Hl paster, sie hatt uberwunden durch des lammes bludt. Ihr andenken wird auch ein*

229 AFSt/M 3 H 33: 21, 1748 Juli 26.
230 AFSt/M 3 H 33: 20, 1748 Juli 27.

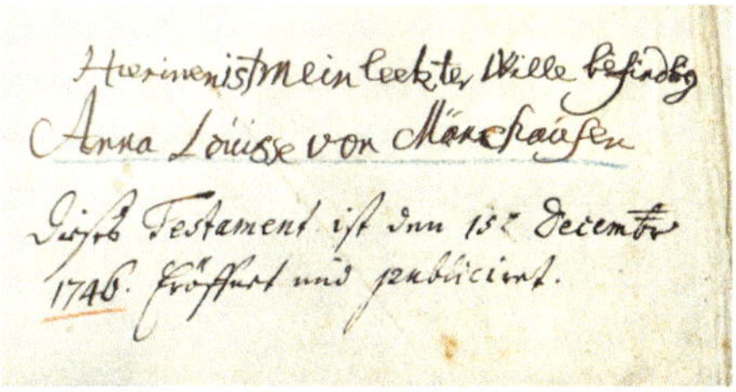

Abb. 40 Autograph der Anna Louise von Münchhausen, 1746

Seegen bleiben, sie ist von allen hier geliebet worden, deshalb vielle betrubt Worden durch ihren Todt. [...] *Sie hatt nun alles zu genießen, worauff ihr glaube sich gefreuet. Es bleibet auch darbey, wir werden ein ander wieder sehen dortt in der Herligkeit, daß sagte die seeliege Munchausen auch in der Kranckheit zu mir.* [...] *Ich verbleibe Eine Mittstreitterin umb die crone des Lebens.*

De Bismark

Fischbeck 30 Nofember.[231]

In ihrem Testament vom 24. September 1746 hatte Anna Louise ihrer Freundin die Sorge um ihr Begräbnis anvertraut und sie als Verwalterin ihres Nachlasses eingesetzt. Auch dieses Dokument führt die tiefe Verbundenheit der beiden vor Augen:

Vor die Beerdigung meines erblaßten Cörpers aber wirt meine geliebteste Mit-Schwester, die Fräulein von Bismarck, sorgen und zweifle nicht, daß, da Sie mir im Leben fast mehr alß Schwesterliche Liebe erwiesen, dieselbe auch diese letzte Bemühung gerne und willig übernehmen und ausrichten werde. Waß die Beerdigung anbelanget, so soll selbige ohne gepränge und in der Stille geschehen, die dazu erfoderte Kosten aber von denen Nachjahren genommen werden, und soll die Fräulein von Bismarcken nicht gehalten sein, jemand davon Rechnung zu thun, weil von dem Überschuß solcher Einkünffte Legata von mir gemacht seyn, welche vor wollgedachte Fräulein von Bismarck nach meinem Tode berichtigen wird.[232]

Sechs Wochen hatte Johanna Magdalena nun Zeit, den Angehörigen den mobilen Nachlass ihrer Freundin zustellen zu lassen, danach musste ihre Wohnung entsprechend den Gepflogenheiten im Stift geräumt sein. Erben wurden die drei überlebenden Kinder von Anna Louises Bruder Hieronymus von Münchhausen.[233]

231 SBB-PK: 5,1/8: 2, 1746 November 30, S. 1–4

232 ASF: VI.c.1. Bd. 1.

233 Sophie Gertrud von Wulffen (1707–1766), Charlotte Elisabeth Freifrau Knigge auf Leveste (1710–1780) und Reichspostminister Ferdinand von Münchhausen (1719–1780), Herr auf Apelern und Nienfeld.

Legate hatte Anna Louise den Töchtern ihrer ältesten, 1737 verstorbenen Schwester Gertrud Sophie Marschall von Bieberstein ausgesetzt.[234]

Nicht nur der Tod Anna Louises war zu beklagen, das letzte Lebensjahrzehnt Johanna Magdalenas war insgesamt geprägt vom Abschiednehmen. Jahr für Jahr schieden ihre langjährigen Weggefährtinnen, alle die, deren Aufnahme in das Stift sie miterlebt hatte, dahin. Engel Elisabeth von der Kuhla starb im Oktober 1752 in ihrem 79. Lebensjahr. Über ihren Tod schreibt Johanna Magdalena an Gotthilf August:

Sie [von der Kuhla] *stand denn eußerlichen nach die letzte Zeitt noch Viell aus,* [...] *Gott schenckte ihr geduld im leiden, der Herr Paster Henze ist in großen Seegen zum preiße Gottes bey ihr geweßen, sie fragete nach andern besuch nichts mehr, außer Wenn der Herr Paster kahm Ermunterete sie sich und horte auff Merksahm zu, auch im behten.*[235]

Im darauf folgenden Jahr starb Äbtissin Charlotte Elisabeth von dem Bussche. Ihr Amt übernahm Katharina Juliane von Haus. Hedwig von Mengersen folgte 1757. Als Letzte in diesem Jahrzehnt war Agnesa Louisa von Arnstedt zu betrauern. Vier weitere Mitschwestern hatten sich in den vergangenen Jahrzehnten verheiratet, lediglich vier Frauen, deren Einführung Johanna Magdalena miterlebt hatte – Charlotte von Halcke, Henriette Charlotte von Veltheim, Johanne Antoinette von Westernhagen und Elisabeth Sybille von Dincklage – werden sie überleben. Es wurde einsamer um Johanna Magdalena.

Umso wichtiger war ihr die Verbundenheit mit den Hallenser Seelengefährten und Gefährtinnen, denen sie im Trauerbrief vom 30. November 1746 ihre Grüße hatte ausrichten lassen:

An den Hl Niemeier und seine Liebe fra, wie auch die fra schwieger Mutter und liebe fra pastere Frölinghausen entfehle mich ihres andencken vor Gott.

PS An die jungfer Schwester bitte meinen hertzlichen gruß zu sagen.

Gemeint sind der Inspektor des Waisenhauses Johann Konrad Philipp Niemeyer[236] und dessen Ehefrau Auguste Sophie geb. Freylinghausen sowie August Hermann Franckes Tochter Johanna Sophia Anastasia, die Witwe des 1739 verstorbenen Pastors Johann Anastasius Freylinghausen. Deren Erwähnung lassen die Verzahnung des Familienunternehmens Francke deutlich werden. Franckes

234 Dorothea Henrietta geb. und verwitwete Marschall von Bieberstein, Sophia Armgard Marschall von Bieberstein, Wilhelm Busso, Domherr zu Nauenburg, und Ludwig Friedrich, Preußischer Kapitän, Marschall von Bieberstein.

235 AFSt/M 3 H 41: 100, 1752 Oktober 15, S. 2–3.

236 Johann Konrad Philipp Niemeyer (1711–1767) unterrichtete seit 1732 an den Schulen des Waisenhauses und war seit 1738 Substitut von Gotthilf August Francke. 1742 heiratete er Auguste Sophie Freylinghausen (1717–1763), Tochter von Johann Anastasius Freylinghausen (1670–1739) und Enkelin August Hermann Franckes.

Tochter Johanna Sophia Anastasia versendet die Medikamente aus der Halleschen Apotheke, seine Enkelin Auguste Sophie ist mit dem Inspektor des Waisenhauses verheiratet.

Die Apotheke des Waisenhauses und der Versand von Medikamenten waren neben dem Verlag der Bibeldruckerei ein ökonomisches Standbein der Halleschen Anstalten. Als besonders begehrtes Heilmittel erwies sich eine in der Waisenhausapotheke aus Gold zubereitete Arznei, die „Essentia Dulcis", der hohe Wirksamkeit nachgesagt und die gegen vielerlei Beschwerden angewendet wurde. In einer Druckschrift der Waisenhausapotheke von 1703 heißt es, die Tinktur kuriere *„unter dem Segen Gottes allerley schwere Kranckheiten Gicht, Epilepsie, Stein, allerley Gebrechen an Augen u. d. gl.*"[237] Auch die Schwestern von Bismarck werden dieses alchemistische Wundermittel gegen alle möglichen Leiden und Gebrechen eingesetzt haben.

In einem weiteren Schreiben vom August 1749 kondoliert Johanna Magdalena zum Tod von Gotthilf Augusts Schwiegermutter Henriette Rosine Goetze,[238] die ebenfalls eine Förderin des Halleschen Waisenhauses und der Dänisch-Halleschen-Mission war.[239] Nach dem Tod ihrer Tochter Johanna Henriette[240] im Juli 1743 hatte sie den Haushalt ihres Schwiegersohns geführt und in den Glauchaschen Anstalten mitgearbeitet. Mit allen Mitgliedern des Franckeschen Familienunternehmens ist Johanna Magdalena bekannt und steht im Gedankenaustausch mit ihnen.

5.7 Wohnstuben und Kabinette

Nach dem Tod Engel von der Kuhlas bezog Johanna Magdalena deren Haus, was – wie sie Gotthilf August mitteilte – viel Unruhe verursache: *Es macht mir Vielle muhe, auch unkosten, Weill sie es aber vom Stiffte gern sehen und Ich auch mehr stubens bekomme, so denke Ich, Gott Wird auch hier durch helffen.*[241]

Das Haus am Südende des Westflügels musste Charlotte Elisabeth von dem Bussche bei ihrem Einzug 1734 von Grund auf erneuern, da *es gantz durch und durch schadhafft wahr. Also mußte Es von grund auff gebauet Werden, solches hat*

237 Raabe: Vier Thaler, S. 172, 5.23.

238 Henriette Rosine Goetze (†1749), Ehefrau des kursächsischen Kammerherrn Johann Georg Rachals und nach dessen Tod des Stadtrichters, Ratsherrn und Bibliothekars der Ratsbibliothek in Leipzig Gottfried Christian Goetze.

239 SBB-PK: Stab/F 5,1/8: 4 (Nr. 6)

240 Johanna Henriette Francke (1698–1743), geb. Rachals.

241 AFSt/M 3 H 41: 100, 1752 Oktober 15, S. 3.

Abb. 41 Bussche-Haus, Zeichnung von Wilhelm Hauschtek, 1909

dem Stifft gekostet 291 rth 5 gl laut Rechnung. Mir aber Ist Es uber 350 rth zu stehen gekommen.[242]

Das neue Haus war *mit allen nöthigen Zubehör*[243] *versehen*, wobei ein Ofen, eine Ofenplatte sowie zwei eiserne Türen vor dem Backofen und der Asse besonders erwähnt wurden. Im Obergeschoss gab es eine Verbindungstür zum ehemaligen Nonnenschlafsaal.

Ein nach Johanna Magdalenas Tod aufgestelltes Auktionsverzeichnis[244] ermöglicht einen Blick auf die Einrichtung des Hauses: Von einem Vorhaus im Obergeschoss gingen zwei Wohnstuben und zwei Kabinette ab. In der *ordinären Wohnstube* befanden sich ein Canapé, ein Spiegeltisch, blau und rot gestrichen, sowie sechs englische *TaffelStühle.* Blickfang der Wohnstube war neben einem großen Spiegel im vergoldeten Rahmen *ein fournirter Schreib Comtoir mit 3 großen Schubladen,*

242 ASF: XXX.a.2. Hausbuch der Äbtissinnen, S. 188.

243 ASF: XVII.A.a.1.

244 ASF: VI.c.3.

Abb. 42 Ansicht von der Gartenseite, 1864

einer kleinen Thür mit Schloß und 10 Auszügen mit (Messing-)*Beschlag.* In diesem Raum wird Johanna Magdalena ihre zahlreichen Briefe geschrieben und die aus Halle eingehende Literatur gelesen haben.

Im kleinen *Cabinet bey der Stube* standen ein zweitüriger Wäscheschrank, ein kleiner Medizinschrank, ein *Repositorium* mit Büchern, ein Ruhebett aus Nussbaum mit vier geflochtenen *Taboretten*[245] und ein schwarzer klappbarer Arbeitstisch.

Die Einrichtung der *großen Stube* bestand lediglich aus einem weiteren zweitürigen Wäscheschrank mit Schubladen, einem *Bouro mit 3 Auszügen* und einem lackierten *Coffe Tisch.*

Auf der *SchlafCammer* hatte eine *einschläfrige Bettspanne mit leinen Gardinen, roth und grün gestreifft,* ihren Platz, dazu ein Spiegel in weißem Rahmen, ein Nachttisch, *eine Taborette, ein klein Geridon,*[246] ein kleines Schränkchen mit Glastüren und zwei Lehnsessel. Der Aufbau des Bettes, *da die Fröhln auf geschlaffen,* bestand aus einer *Madratse, 2 Unterbette, ein pargen, ein von drell, 1 Oberbette, 4 drellene Pfühle,*[247] *3 große, 3 kleine Küßen von pargen, ein seiden, ein Cantune Decke.* Viele

245 Tabourette – Hocker, Schemel.

246 Guéridon – kleiner Tisch, Beistelltisch.

247 Ein festes Kissen.

Kissen und Pfühle waren gegen die durch Fenster und Wände dringende Kälte sicherlich notwendig.

Alle Zimmer waren mit Fensterrollos aus farbigem Leinen, Wachstuchtapeten, Ofenschirmen – im kleinen Kabinett *ein roth laquirter Schirm mit Kreutzstich genehet* – und *Wand Blakern* aus Porzellan oder Blech ausgestattet. Die Möbel waren überwiegend aus Tannenholz gefertigt. Die Einrichtung zeugt von bescheidenem Wohnkomfort, der sich vermutlich aus den Erbstücken ihrer Tante und Großtante zusammensetzte, denn aus dem mehrfach zerstörten Schönhausen wird sie – zumal noch fünf Schwestern auszusteuern waren – nicht viel mitgebracht haben.

Neben dem umfangreichen *Repositorium mit Büchern* gehörte auch eine ansehnliche, leider nicht genauer beschriebene Bildersammlung zur Ausstattung. Dem Auktionsverzeichnis zur Folge hingen auf dem Vorhause *13 Stück Schildereyen von verschiedener Gröse und Gattungen* und auf der kleinen Wohnstube *4 Famillen Stücke und 1 Camin Stück.* Auf der großen Stube prangten *ein gros und 2 kleine Famillen Portraits mit goldenen Rahmen, drey kleine Portraits untern Spiegell.* Das kleine Kabinett neben der Stube schmückten *23 Stück gros und kleine Schildereyen.* Eine erstaunlich umfangreiche Bildersammlung, deren Verbleib nicht mehr aufzuklären ist.

5.8 Brunnenkuren in Pyrmont

In dem neuen Haus lebte Johanna Magdalena noch zehn Jahre. Langsam fühlte auch sie ihre Kräfte schwinden. Bereits im Mai 1749 bedauerte sie gegenüber Gotthilf August, die weite Reise nach Halle nicht mehr unternehmen zu können:

Von Mein befinden zu gedenken, so ist es wegen den (trotz des) *starcken schwindell Gott lob gantz Erleidlich, aber vielle Kopfschmertzen die entfinde noch sehr, daß ich mich noch nicht auff Eine weite reiße begeben darf, weill Ich auch soll denn brunnen wieder trinken. Mein Verlangen ist offters, daß ich mich in Halle auch wieder Einmahl mitt den theuren Vätern und Kinder Gottes Erwecken und Im Herrn mich Ermuntere und sterckte.*[248]

Im nächsten Brief klagt sie erneut, sie sei von starken Kopfschmerzen geplagt.[249] Als Heilmittel habe der Arzt ihr eine Brunnenkur in Pyrmont[250] empfohlen. Gotthilf August berichtet im Antwortschreiben von seiner eigenen Brunnenkur in

248 SBB-PK: Stab/F 5,1/8: 3, 1749 Mai 17, S. 2–3.

249 SBB-PK: Stab/F 5,1/8: 4, 1749 August 8, S. 3.

250 Seit 1668 wurden die Heilquellen in Pyrmont von den Grafen von Waldeck aus dem hessischen Arolsen erschlossen und die Anlage architektonisch und gärtnerisch ausgebaut. Schnell wuchs das Bad zu einem Erholungsort der oberen Schichten, das sich mit dem ebenfalls beliebten Karlsbad messen konnte.

Abb. 43 Pyrmont, um 1780

Pöltzig und wünscht ihr *von Herzten, daß der Herr auf den gebrauchten Pyrmonnter brunnen einen Segen zu dero mercklichen Erleichterung und Erholung geleget haben möge.*[251]

Offensichtlich war der Segen nicht nachhaltig wirksam, denn drei Jahre später heißt es von Johanna Magdalena erneut: *Ich hette Woll Wünschen mögen, daß es des Herrn Wille Wehre, mir noch mahl nach Halle zu führen. Meine Schweglichkeit hatt mir noch immer abgehalten.*[252]

Für eine in Halle bestellte Arznei übersandte sie einige Jahre später 11 Rt.[253] Trotz ihrer schlechten Befindlichkeit hatte Johanna Magdalena ein offenes Ohr für die Nöte ihrer jungen Mitmenschen. Im Mai 1749 setzte sie sich für die Aufnahme eines jungen Theologiestudenten ein und dankte Gotthilf August Francke dafür:

dießen jungen Menschen, die Liebe Erzeigen [zu] *wollen, daß Er auff den Weysenhauße den freyen disch und die information ohne kosten haben kann. Ich hoffe und wünsche, daß Es wird gut angewendet sein bey dem jungen Menschen. Der Hl*

251 SBB-PK: Stab/F 5,1/8: 4, 1749 Oktober 20.

252 AStF/M 3 H 41: 100, 1752 Oktober 15, S. 2.

253 AFSt/H 3 H 55/38, Nr. 143, 1759 Oktober 11.

paster Henze, auch der Canter haben Ihn beyderseits Ein gutes Zeugnis gegeben, daß Er gerne was lernen wolte, Gott laße Es zu seinen preiße und ruhm gereichen.[254]

Auch dieser junge Theologiestudent wurde bei freier Kost und Logis aufgenommen und im Gegenzug verpflichtet, den Unterricht im Waisenhaus zu übernehmen.

Bis zuletzt galt Johanna Magdalenas Fürsorge dem Missionswesen. Obwohl die Spendenbereitschaft für die Indienmission ab 1740 nachließ, gingen von ihr alle zwei Jahre (1750, 1752, 1754, 1756)[255] Spenden *zugunsten der Erziehung tamilischer Kinder in Tranquebar*[256] oder *zugunsten der Mission in Cuddalore oder Madras*[257] ein. Im Gegenzug erhielt sie die „Halleschen Berichte", für die sie sich persönlich bei dem Inspektor des Waisenhauses Johann Konrad Philipp Niemeyer bedankte.[258]

1752 galt ihr Dank erneut den Nachrichten *aus Ostindiegen und Ebenezer.*[259] Im selben Brief übersandten auch die Mitschwestern Sabina Marie von Arnstedt 5 Rt für die Mission in Tranquebar und Henriette Charlotte von Veltheim 10 Rt *zu Erziehung eines Kindes, daß Jesum liebet.* 1759 schickten Johanna Magdalena und Henriette Charlotte je 10 Rt für die ostindische Mission und für die Erziehung eines Kindes *ohne benennung* [ihres] *Nahmens.* Beide Fräulein wollten ihre Namen nicht erwähnt wissen.[260]

---

254 SBB-PK: Stab/F 5,1/8: 3, 1749 Mai 17, S. 1–2.
255 AStF/M 3 H 37, 40, 45, 48, 49.
256 AFSt/M 3 H 45: 95.
257 AFSt/M 3 H 48: 23 sowie AFSt/M 3 H 49: 75.
258 AFSt/M 3 H 33: 63 (Nr. 5) 1748.
259 AStF/M 3 H 41: 100, 1752 Oktober 15.
260 AFSt/M 3 H 55: 38, S. 5, 1759 Oktober 11.

6. Die letzten Jahre

6.1 Das Predigtbuch der Bartha Elisabeth

Währenddessen hatte Bartha Elisabeth im Stift Cappel 1754 mit der Anlage eines Predigtbuches begonnen, in dem sie alle in der Stiftskirche zu Cappel gehaltenen Ansprachen aufzeichnete. Ein Glücksfall ist es, dass zwei ihrer Predigtbücher 270 Jahre später den Weg nach Fischbeck fanden.[261] Zwar geben sie nur wenig Persönliches über die Autorin preis, aber neben den Predigtabschriften sind doch einige Ereignisse aufgezeichnet, die die Kenntnis über das Leben der Schwestern vertiefen.

Gewissenhaft protokolliert Bartha Elisabeth in den beiden Büchern den Ablauf der sonntäglichen Gottesdienste, notiert den Eingang, die Lesung des Evangeliums und die Predigten, die sie als „Vortrag“ oder „Abhandlung“ bezeichnet. Jede Aufzeichnung umfasst ein bis zwei Seiten.

Zu Beginn berichtet sie von den Wetterunbillen, denen die Gottesdienstbesucherinnen ausgesetzt waren: Seit dem 2. Advent 1753 sei sie nicht nach Lippstadt zur Kirche gefahren, und auch der Prediger habe *Wegen der großen Waßers Gefahr* nicht nach Cappel herüberkommen können. Erst am Tage Epiphanias, dem Fest der Erscheinung Christi, sei wieder gepredigt worden. Für den Sommer 1754 beschreibt sie einen Besuch bei Johanna Magdalena in Fischbeck, wo sie sechs Wochen – vom 7. bis zum 14. Sonntag nach Trinitatis – bleibt.

Im August des folgenden Jahres verstirbt ihre Schwester Sophia Louise. Keine zehn Jahre waren ihr im Stift vergönnt. Bis zuletzt war sie ihrer Spendenverpflichtung für das Waisenhaus treu geblieben.[262] Bartha Elisabeth erwähnt weder die Todesursache noch eine Leichenpredigt. Wichtig ist allein, dass ihre Schwester am 13. Juli 1755 zum letzten Mal zum Abendmahl gegangen ist.[263] Zur Beisetzung ist auch Johanna Magdalena anwesend. Anschließend reisen beide Schwestern gemeinsam nach Fischbeck, wo Bartha Elisabeth bis zum Michaelisfest bleibt.[264] Ihr Gesundheitszustand scheint in diesen Tagen labil gewesen zu sein, denn sie notiert über ihren Aufenthalt:

---

261 Sie wurden dem Archiv des Stifts Fischbeck im April 2022 von Herrn Peter Teschner übereignet, wofür wir ihm herzlich danken.

262 AFSt/M 3 H 35: 28, 1749 August 1.

263 *7. Trinitates, war der 13. Julii* […] *hat meine selige Schwester zuhm lezten Mal comuniciert.* ASF: XXX.a.2., 1. Predigtbuch, S. 93.

264 *Den 26. August bin mit meiner Schwester nach Fischbek gereißet und 6 Wochen da gewesen.* Ebd.: S. 86.

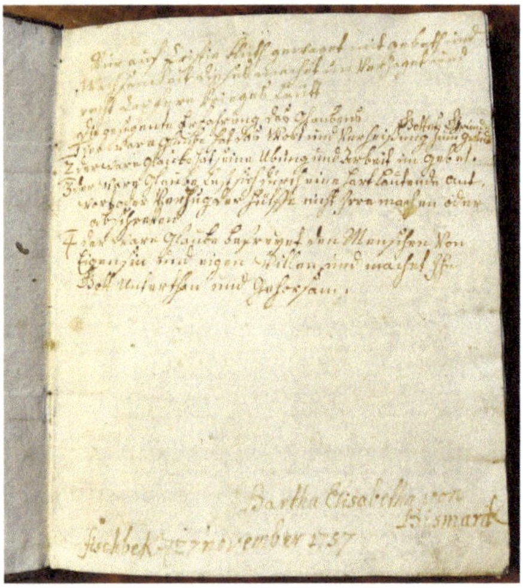

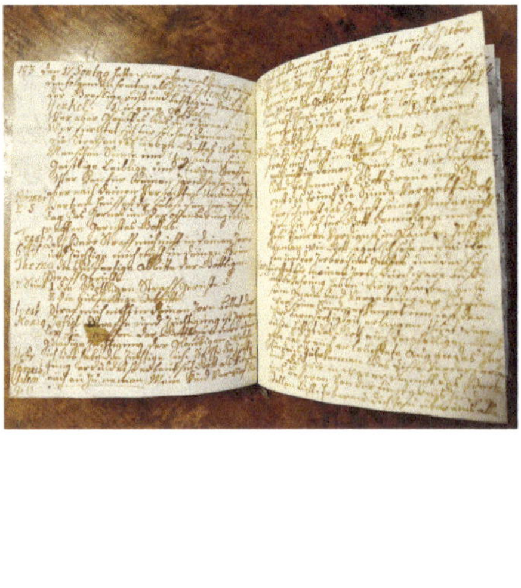

Abb. 44–46 Predigtbuch Bartha Elisabeths von Bismarck, 1754

Theils in ertregligen Befinden, das ich einige Prädigten in der Kirche durch Gottes Gnade angehört, auch einige Sontage wegen Krankheit zu Hause bleiben müßen, den 15. Trinitates die 1. Prädigt zu Fischbek gehört von Herrn Pastor Frederking.[265] *Das Michaelis fest habe zu Fischbek gefeiert durch die Gnade Gottes aus Herr Frederkings Prädigt.*

6.2 Sieben Jahre Krieg

Im August 1756 löste König Friedrich II. mit dem Einmarsch preußischer Truppen in Sachsen den später so genannten Siebenjährigen Krieg aus, in den alle europäischen Großmächte involviert waren und um die Vorherrschaft in Europa, um Kolonien und um Handelsvorteile in der ganzen bekannten Welt kämpften. Während Preußen und England gegen den neuen Dreibund Österreich-Frankreich-Russland um die Hegemonie im Reich stritten, ging es für England und Frankreich um die Vormachtstellung in den nordamerikanischen Kolonien. Kurhannover und Hessen standen an der Seite Preußens.

Im Mai 1757 flieht Bartha Elisabeth vor den preußisch-französischen Auseinandersetzungen aus Lippstadt nach Fischbeck. Aus Angst vor Plünderungen nimmt sie ihre wichtigsten Besitztümer – einen kleinen Koffer mit Silber und Dokumenten, einen Kasten mit Leinenzeug und einen weiteren mit Zinn und Kupfer – mit und versteckt sie bei ihrer Schwester. Bartha Elisabeth bleibt länger als ein Jahr in Fischbeck, wird aber auch dort von den Kriegsereignissen nicht verschont.

Nachdem im Juli 1757 die alliierten hessischen, preußischen und hannoverschen Soldaten in der Schlacht bei Hastenbeck vor den Franzosen das Feld räumen mussten, überzogen französische Truppen Norddeutschland und besetzten auch die Grafschaft Schaumburg. Äbtissin Katharina Juliane von Haus schrieb die Ereignisse im Hausbuch nieder.[266]

Bereits am Nachmittag des 27. Juli traf ein Regiment französischer Husaren und Karabiniere in Fischbeck ein und begann das Dorf zu plündern. In weiser Voraussicht, dass die französischen Soldaten auch das Stift nicht verschonen würden, ließ die Äbtissin beide Generäle in ihr Haus einladen und bat um Schonung. Die Generäle waren einsichtig und erteilten Befehl, keine Soldaten im Stift einzuquartieren, verlangten allerdings Verpflegung für ihre hungrigen Leute. Äbtissin von Haus servierte 40 Maß Wein sowie alles vorrätige Bier und Brot, und nach vier Stunden zogen die Soldaten bis auf eine Schutzwache davon. Die Erleichterung im

265 ASF: XXX.a.2.: 1. Predigtbuch S. 86. Christoph Wilhelm Frederking war Prediger in Fischbeck von 1754–1780. Vgl. Oldermann: Stiftsprediger, S. 253 f.

266 ASF: XXX.a.2. Hausbuch der Äbtissinnen, S. 285 ff.

Kapitel währte nur kurz, denn schon am 3. August versammelte sich erneut eine Menge an Soldaten, Pferden und Maultieren vor dem Stift, die, wie Katharina von Haus notierte, *nicht zu zehlen wahr*. Äbtissin und Kapitularinnen durften in ihren Häusern nur noch ihre Stuben weiter bewohnen. Die übrigen Räume belegten die Soldaten, das Personal musste auf den Gängen schlafen. Die Felder wurden zur *Fourage* (Verpflegung) der Pferde abgeerntet, lediglich die Gärten der Damen blieben verschont.

Wenig später, am 27. November 1757, beginnt Bartha Elisabeth, die noch immer in Fischbeck weilt, ihr zweites Predigtbuch. Darin notiert sie den Ablauf des liturgischen Kirchenjahres in der Stiftskirche und vermerkt die Feier von drei Marienfesten – Mariae Reinigung, Verkündigung und Heimsuchung –, einen monatlichen Bußtag sowie einen Quartals-Buß- und Bettag. Das sonntägliche Abendmahl werde durch eine Beichte am Vorabend vorbereitet. Über das kirchliche Leben berichtet sie, dass Leichenpredigten nicht nur auf Standespersonen, sondern auch auf Bedienstete gehalten werden, so auf den Stiftspförtner und die Frau des Stiftsknechts. Zur Konfirmation am Sonntag Jubilate seien 48 Kinder erschienen. Wenn Pastor Frederking verhindert sei, predige der Sohn des Kantors Weibezahn.

Katharina von Haus beklagt in ihren Aufzeichnungen zwar den Ausfall des Gottesdienstes an den 8. und 9. Sonntagen nach Trinitatis, zeigt sich aber beruhigt, dass Kirche und Stiftsgebäude ohne größere Schäden und das Kapitel und die Angestellten des Stifts unverletzt geblieben seien. Erleichtert schließt sie ihren Bericht: *Und ich kann Gott zum preise Rühmen, daß ich mange gute Freunde unter den Francosen angetroffen habe.*[267] Schlimmer stand es allerdings um die Ernte des Stifts. Der Verlust an Roggen, Weizen und Gerste war so beträchtlich, dass die Hälfte des Viehs abgeschafft werden musste und die Aussaat für das Brotkorn kaum möglich war.

Als sich die französische Armee im Frühjahr 1758 erneut nähert, notiert Bartha Elisabeth: *Den 5 Mertz 1758 war wegen des durch Marsches der großen francösischen Armeé den Sontag Latare vormitages keine Prädigt, den Nachmitag hilte der Herr Paster eine beweglige Rede für den Altar aus den Klaglieder Jeremias.*[268]

Am Gründonnerstag und am Karfreitag vermag sie wegen *Unpesligkeit* nicht am Gottesdienst teilnehmen, kann aber die Predigten von anderen Protokollantinnen abschreiben. Erst am zweiten und dritten (!) heiligen Ostertag ist sie wieder in der Lage, *durch Gottes Hülfe* den Gottesdienst zu besuchen.

Am 12. April 1758, einem monatlichen Bußtag, freut sie sich über ein *krefftig herliges Gebeth,* das schon wenige Tage später von Erfolg gekrönt ist: Am Sonntag

---

267 ASF: XXX.a.2. Hausbuch der Äbtissinnen, S. 288.

268 ASF: XXX.a.2.: 2. Predigtbuch, S. 40.

Jubilate feiern die Gottesdienstbesucher in den hannoverschen Landen die Befreiung von *der feindligen francösischen Gewalt* mit einer Dankpredigt.[269] Herzog Ferdinand von Braunschweig-Wolfenbüttel[270] war es im Frühjahr gelungen, die französischen Truppen auf das linke Rheinufer zurücktreiben; bis zum Jahresende kontrollierte er das gesamte rechtsrheinische Gebiet. Die Begeisterung Bartha Elisabeths ist nachzuvollziehen: Herzog Ferdinand war der jüngere Bruder von Herzog Ludwig Ernst, ihrem Zögling in Wolfenbüttel, und ihr wohl bekannt.[271]

6.3 Rückkehr nach Cappel

Am 26. Mai 1758 kehrt Bartha Elisabeth *durch Götlige Führung* nach Cappel zurück. Ein Jahr und drei Wochen hat sie sich bei ihrer Schwester aufgehalten, obwohl auch in den hannoverschen und hessischen Landen die Kriegsgefahr groß war – wie sie notiert. *Gott hat uns erretet vor der Hand unserer Feinde, Ihm sey Dank Lobpreis, Ruhm und Ehre in Zeit und Ewigkeit* – so ihre Danksagung.[272]

Wenige Tage später, am 12. Juni, stirbt Prinz August Wilhelm von Preußen, der jüngere Bruder des kinderlosen Königs Friedrich II., der von diesem als Thronfolger vorgesehen war.[273] In allen Kirchen des Landes wird daraufhin eine Gedächtnispredigt gehalten. Der Todesfall wird *höchst bedauert in gantzen Lande von Hoch und Niedrigen. Ach Herr lehre uns bedenken, das wir sterben müßen* – so ihre Ermahnung.[274]

Nach ihrer Rückkehr bleibt auch das Leben im Stift Cappel von allerlei Unwägbarkeiten begleitet. Im August 1758 hält erneut eine „große Wasserflut" den Prädikanten aus Lippstadt an mehreren Sonntagen davon ab, in Cappel zu predigen. Auch gegen Krankheiten sind die Pastoren nicht gefeit. Nachdem der Subkonrektor Henkel seine letzte Amtspredigt gehalten hat, wird ein Magister namens Kleinschmid zum Nachfolger erwählt. Seine Antrittspredigt kann er allerdings nicht halten, da *Gott ihn auf das Krankenbete geleget.* Noch am 8. November muss die Beichte in der Stube stattfinden, da *der Herr Magister wegen gehabten Fiebers sich der Kirche noch entzihen muste.* Erst am 26. November kann der Magister wieder predigen. Kurz darauf verstirbt seine Frau, so dass Kleinschmidt als Prediger

269 Ebd.: S. 50.

270 Ferdinand (1721–1792), Herzog zu Braunschweig und Lüneburg, Generalfeldmarschall.

271 Vgl. Anm. 110.

272 ASF: XXX.a.2.: 2. Predigtbuch, S. 76.

273 Nach dem frühzeitigen Tod August Wilhelms (1722–1758) wurde sein Sohn Friedrich Wilhelm II. (1744–1797) zum Prinzen von Preußen ernannt und später König.

274 ASF: XXX.a.2.: 2. Predigtbuch, S. 85.

wiederum ausfällt. Am 3. Advent wie auch am ersten und zweiten Sonntag nach Epiphanias wird sein Kommen erneut durch eine „große Wasserflut" verhindert.

Die durch Krankheit, Tod und Überschwemmungen bedingte Unsicherheit der Gottesdienste lassen Bartha Elisabeth zur Selbsthilfe greifen. Sie predigt selbst: *Am Sontage Estomihi Gast Prädigt, die erste von mir.*[275] Am Sonntag Laetare folgt die zweite Gastpredigt. Und so geht es weiter am Sonntag Kantate und am zweiten Pfingsttag. Insgesamt steht sie in diesem Sommer zehnmal vor der Gemeinde. Mehrfach predigt auch ein Frl. *Cachedeni,*[276] wohl eine Stiftsdame, die ex cathedra predigt.

Doch auch Bartha Elisabeth bleibt nicht verschont. Wegen Schwachheit und *starken Fluß am Kopf und schlime Augen* kann sie am Sonntag Trinitatis, den 10. Juli, nicht in der Kirche kommunizieren. Die Freude ist groß, dass es ihr am 15. September wieder möglich ist, zur Beichte zu gehen, da es ihr Geburtstag ist.

Derweil wurde Schaumburg von einer zweiten französischen Okkupation betroffen. Im Juli 1759 besetzte französisches Militär erneut die Stadt Rinteln und belegte die Stadt mit einer Kontribution, die *bey vermeydung militairischer Execution, Einthürmung und Hinwegführung auf das scharfeste befohlen* wurde.[277] Stift Fischbeck wurde aufgefordert, den 20. Teil des jährlichen Gehalts aller Bediensteten abzuliefern. Hinzu kam die Zahlung eines Anteils von 6000 Rt Fräuleinsteuer.[278] Erst nach der Schlacht bei Minden am 1. August 1759 gelang es der alliierten Armee, die Franzosen zurückzudrängen. Zur Sicherheit des Stifts wurden Schutzwachen bereitgestellt, die die preußischen Husaren und die verbündeten englischen Truppen jedoch nicht akzeptierten, so dass Äbtissin von Haus erneut drei Generäle aufnehmen musste.

Von den Auswirkungen des Krieges auf Fischbeck berichtet Johanna Magdalena im Oktober 1759 dem Sekretär Gotthilf Augusts in Halle Sebastian Andreas Fabricius:[279]

Biß hier her hatt Gott geholfen, daß Wir in unßern heußer Unter dem schirm und schutz Gottes haben sicher bleiben konnen. Der Verlust ist dießes jahr Zwar (allerdings) *Viell größer alls Vor 2 jahren und müßen die Landstende eine Zimliche Summa geld auff bringen, damitt Wir drunter sein, unser antheill zu geben, und*

275 Ebd.: S. 146.

276 Ebd.: S. 181. Gemeint ist verm. Cathedrie.

277 ASF: XXVI.b.1. Bd. 2.

278 Eine Steuer, die bei der Eheschließung der Tochter eines Fürsten zu deren Ausstattung vom Land zu leisten war.

279 Sebastian Andreas Fabricius (1716–1790) war der Sekretär von Gotthilf August Francke und Inspektor der Cansteinischen Bibelanstalt.

bestehet unßere Meiste Einahme in Korn, aber Weitzen, gerste und haber ist alles abforagiert, daß Wir mußten zukauffen.[280]

Sie nimmt auch Anteil an den Gefahren, denen das Waisenhaus bei der Besetzung Halles durch österreichische Truppen ausgesetzt war, sowie an dem Gesundheitszustand von Fabricius' Frau und den Kindern: *Es Wurde Von Vieller gefahr hier Erzehlet, die sie bey den Weißenhauße gehabt, was von artzeney nicht Were Weck genommen, daß Ubriege Were alles zernichtet und entzwey gemacht. Es ging mir recht nahe, Wie ich es hort.*[281]

Zwar wurden die Halleschen Stiftungen wegen ihres guten Renommees und ihrer sozialen Verdienste von den feindlichen Truppen gut behandelt, doch hohe Kontributionszahlungen schwächten auch hier die ökonomische Situation der Stiftung. Halle selbst erlebte siebenmal die Besetzung durch feindliche Truppen, musste diverse Plünderungen erdulden und Kontributionszahlungen um die 150.000 Rt leisten.

1762 herrschte noch immer Krieg in den hessisch-preußischen Landen. Weder Johanna Magdalena noch Äbtissin Katharina von Haus[282] erlebten den am 15. Februar 1763 zwischen den fünf Großmächten geschlossenen Frieden von Hubertusburg. Der Frieden selbst war ein Erschöpfungsfrieden, der alles beim Alten beließ.

6.4 Ein *Unvermutheter Todesfahl*, 1762

Der Brief an Sebastian Andreas Fabricius vom Oktober 1759 ist das letzte Lebenszeichen von Johanna Magdalena. Offensichtlich litt sie unter gesundheitlichen Beschwerden, denn sie bedankt sich darin auch für die ihr zugesandten Medikamente: *Vor gehabte Mühe Wegen der artzeney Zu Uberschicken, danke Vielle mahlen, hier bey Uber kommen 11 rth daVor, daß es bezahlt ist.*[283]

Zweieinhalb Jahre später, am 8. Mai 1762, endete ihr Leben. Eine kurze Krankheit, vermutlich eine Lungenentzündung, ging ihrem Tod voraus, gegen die verschiedene Tinkturen, Pulver, Essenzen und Salben, die der Apotheker Ehlers aus Hameln zubereitete, nicht helfen konnten.[284] Ihre Mitschwestern betrauerten sie zutiefst. Für ihre Schwester in Cappel war die unerwartete Todesnachricht besonders schmerzlich. Umgehend griff sie zu Papier und Tinte und schrieb an Äbtissin von Haus:

---

280 AFSt/H 3 H 55: 38, Nr. 143 (Nr. 14), 1759 Oktober 11, S. 3.

281 AFSt/H 3 H 55: 38, Nr. 143 (Nr. 14), 1759 Oktober 11, S. 1–2.

282 Sie starb am 1. Januar 1763.

283 AFSt/H 3 H 55: 38, Nr. 143 (Nr. 14), 1759 Oktober 11, S. 5.

284 ASF: VI.c.3. Rechnungen vom 3., 6., 7. Mai 1762.

Mit was großer Bestürtzung ich den Unvermutheten Todesfahl meiner so hertzinigst geliebten Schwester erfahre, ist mir so schmertzlig. Gott gebe mir nach seinen heyligen Willen eine baldige selige nachfolge, Ich danke meiner lieben Frau Abadissin gehorsamst für alle liebe, so dieselbe meiner Seeligen Schwester im Läben erwiesen und auch alles gnädig besorgen werden.[285]

Wenige Wochen später zeigte sie dem Hallenser Theologieprofessor Bernhard Georg Dreckmann[286] den Tod ihrer Schwester an:

Meine Liebe Schwester zu Fischbeck hat der Herr durch einen Sanfft und Seeligen Tod aus diesen Jammerthall zur Ruhe gebracht, nach kurtzer 3 tagier Bethlegrigkeit einer Catare und Brustfieber, mier ist der Verlust sehr schmertzhafft und empfindlig, der Wille Gottes versüßet alles bittere und die Hoffnung, Ihr bald zu folgen Tröstet mich.[287]

Für die ostindische Mission übersandte sie im Namen ihrer Schwester 7 Rt und für *die Judische Prosiliten*, das Institutum Judaicum et Muhammedicum, 7 Rt.[288]

Zum Zeitpunkt von Johanna Magdalenas Tod lebten von ihren 12 Geschwistern nur noch 2 Schwestern: Bartha Elisabeth und Charlotta Freifrau von Bornstedt zu Dahlen. 2 Brüder hinterließen je eine Tochter. Trotz der 13 Kinder, die ihre Mutter Louise Margarete von Bismarck während ihrer 17 Ehejahre Jahr für Jahr zur Welt gebracht hatte, blieb kein Stammhalter dieses Familienzweigs am Leben. Und so wird auch die Beisetzung in der Krypta der Stiftskirche zu Fischbeck ohne anteilnehmende Familienmitglieder erfolgt sein. Bartha Elisabeth scheute die weite Reise: *weil ich mir gantz schwach befinde* – wie sie mitteilte. Die Fahrt von Lippstadt über Paderborn und Detmold hätte zwei bis drei Tage gedauert. Sie bittet Katharina von Haus daher um die Vorkehrungen für die Beisetzung. Auch eine Gedächtnisrede soll gehalten werden, aber *daß es zur Ehre Gottes gereichen moge, kann es geschehen, nicht zum ruhm.*[289] Dennoch wünscht sie den Druck der Leichenpredigt: *Meine selige Schwester ist 19. August 1690 in Schönhausen geboren, die leichpredigt so gehalten, bitte gehorsamst drucken zu laßen.*[290]

Der Rechnungsführer des Stifts vermerkt getreulich die Ausgaben für die Trauerfeier:[291] Den Trauergästen werden Makronen, Biskuit, überzogene Zitronen,

---

285 ASF: VI.c.3. 1762 Mai 11.

286 Der Vater des Briefadressaten, Johann Gabriel Dreckmann (1693–1768), war der Senior der Marienkirche zu Lippstadt. Vom ihm berichtet Bartha Elisabeth im selben Brief, dass er sie besucht habe, beide Wege sei er *ohn ermüdet zu fuße hin und her gegangen.*

287 AStF/M 3 H 61:7, Nr. 98 (Nr. 41), 1762 Juli 28, S. 2.

288 Die von Johann Heinrich Callenberg (1694–1760) gegründete Einrichtung diente von 1728 bis 1792 zur Missionierung insbesondere der jüdischen Bevölkerung in Europa. Brecht: Der Hallische Pietismus, S. 325 f.

289 ASF: VI.c.3. Disposition.

290 ASF: VI.c.3. 1762 Mai 19.

291 ASF: VI.c.3.

Kuchen und Zwieback gereicht. Minutiös werden sämtliche Dienstleistungen entlohnt: Pastor Frederking, Kantor Weibezahn, Amtmann Schlüter, Organist Schwartze, die Glockenläuter, Totengräber und Leichenträger erhalten die *edictmässigen* Gebühren. Und nicht zuletzt bekommen die Armen ihren Anteil.

Für den Sarg der Kapitularin werden in Hannover zwei Platten mit den Wappen von Bismarck und von der Asseburg aus englischem Zinn in Auftrag gegeben. Die Wappen werden *in ihren gehörigen Helm und Farben wie auch unter Schrift und einer überstehenden Crohne und Einfaßung von feinen Golde* [...] *zum Kopf und zu den Füßen* der Verstorbenen angefertigt.[292]

Abb. 47 Sargplakette, 1762

Abb. 48 Wappen von Bismarck/von der Asseburg

Während die Leichenpredigt nicht erhalten ist, überdauerten die Sargbeschläge – wenn auch in sehr angegriffenem Zustand – gut 250 Jahre. Der Text auf der Sargplakette hat folgenden Wortlaut:

Hier ruhet in Gott
die Weyland Hochwürdige Hochwohlgebohrne
Fräulein, Fräulein Johanna Magdalena von
Bismarck aus dem Hause Schönhausen, gebohren
den 19ten Aug. 1690. In hiesigen Hochadelichen Stifft
als geistliche Capitularin auffgenommen den 17ten Aug.
1712, im Herren Seelig entschlaffen den 8ten Maii

292 ASF: VI.c.3. Rechnung L. Braun, Hameln, 1762 August 15.

1762, Ihres Alters 71 Jahr 8 Mon. 19 Dage.
Psalm LXXIII. V. 25.26.
Herr, wenn ich nur dich habe, so frage ich nichts
nach Himmel und Erde, wenn mir gleich Leib
und Seele verschmachtet: so bist du doch Gott
allezeit meines Herzens Trost
und mein Theil.

6.5 Das zeitliche Gut

Das Testament ihrer Schwester, die Legate und sonstigen Dispositionen schickt Bartha Elisabeth nach Fischbeck zurück und bittet Äbtissin von Haus um Veranlassung alles Notwendigen. Ihr selbst sei es nicht möglich, eine Reise nach Fischbeck zu unternehmen. Zwar klagt die 75jährige: *Das zeitlige Guht zu Erben macht mir betrübet und werde nicht vihl mir gebrauchen*, sendet dann jedoch mehrere Briefe mit detaillierten Anweisungen zur Verwendung des Nachlasses. Vorab teilt sie mit: *Was Eur Hochwürden und die Chanoinessen von den sachen meiner lieben Seeligen Schwester belieben werden, steht es zu diensten.*

Dem Testament zu Folge erhalten Bartha Elisabeth und Charlotta von Bornstedt je 300 Rt an Obligationen und die Töchter ihrer Brüder, Albertine Luise von der Albe und Hermine Margarete von Werder zu Brettin, je 100 Rt sowie eine Großnichte 50 Rt. Auch die zu Johannis fälligen Alimente aus Schönhausen über 100 Rt werden Charlotta überlassen.

Von Interesse ist die in der Disposition aufgeführte Verteilung ihres mobilen Besitztums. Sie erlaubt einen letzten Blick auf Johanna Magdalenas Mobiliar, ihre persönliche Ausstattung und auf kostbare Utensilien sowie auf einen Haushalt, in dem drei dienstbare weibliche Geister zur Verfügung standen. Der Besitz einer eigenen Kutsche und die mit zahlreichen Wappen versehenen Gebrauchsgegenstände erinnern – allem ständeübergreifenden pietistischen Gedankengut zum Trotz – an ihre adlige Herkunft.

Demnach erbt Charlotta ihre goldene Uhr, Möbel und Betten, das neue *Engels* (englische) Zinn, Silber, Kleidung und Leinen. Bartha Elisabeth selbst möchte mit einem *Kästgen von Schildkröte* und einem Silberbesteck vorliebnehmen.[293]

Die beiden großen Silberleuchter und das Silberbesteck bestehend aus zwei Vorlegelöffeln und je sechs Löffeln, Messern und Gabeln sowie eine große silberne Schale gehen an die beiden Töchter der Brüder. Alle Stücke ziert das Bismarck'sche Wappen, ein mit drei silbernen Eichenblättern bestecktes goldenes Kleeblatt.

293 ASF: VI.c.3. 1762 Mai 19.

Großzügig wird eine Nichte aus der älteren linkselbischen Linie zu Crevese, Louise Eleonore von Bismarck,[294] *so hier geistlich wird,* bedacht. Bis zu ihrer Einführung soll die in der großen Stube hängende Tapete aufbewahrt werden, ebenso der rote Spin, die zwei großen Lehnstühle, sechs englische Stühle, die Nussbaum-Kommode mit den Bismarck'schen Wappen und die beiden Goueridons. Außerdem erbt die Nichte Johanna Magdalenas Pelzmantel. Bereits als Sechsjährige hatte Louise Eleonore eine Anwartschaft auf eine Stelle im Stift Fischbeck erhalten. Zur Einführung kam die junge Frau allerdings nicht, sie heiratete 1764 den Reichsgrafen Friedrich Christian von der Schulenburg auf Angern.

Äbtissin und Mitschwestern werden mit Erinnerungsstücken bedacht. So empfängt Katharina von Haus eine *Sielberne Sosiere* [...] *wie auch die Bernstein Tobacks Dose, Sie ist mir in Silber und Vergüld eingefaßet,* außerdem *eine Garnitur Tassen von Drestener Porcelain,*[295] die noch aus dem Besitz der Frau von Spiegel stammen.[296]

Auch für die drei „Domestiken" wird gesorgt:[297] Die Haushälterin Lindemann und das Kammermädchen Charlotte Sprecker erhalten je 20 Rt, dazu die Betten mit Ausstattung, auf denen sie schlafen, auch Tischwäsche und Kleidung nach ihren Wünschen. Das *gemeine* Mädchen bekommt 8 Rt und ebenfalls das Bett, Tischlaken und Handtücher. Auch die unversorgte Tochter des 1753 verstorbenen Pastors, Jungfer Johanne Henze, wird nicht vergessen, sie erhält 10 zehn Rt.

Die Räumung des Hauses übernehmen die beiden Kapitularinnen und späteren Äbtissinnen von Dincklage und von Haren, die dazu ein Inventar von Johanna Magdalenas Besitztümern aufsetzen. Für diese Mühe dürfen sie sich einige Möbel aussuchen und bekommen die erste ein Essservice und die zweite ein *Kästgen von oliewen Holtz.* Ein besonderer Dank geht an Elisabeth Charlotte von Grothaus, die der Verstorbenen in ihrer letzten Krankheit beigestanden hat. Sie erhält das Porzellan, das noch von Engel von der Kuhla stammt. Sabina Friederika von Arnstedt erbt die weißen Teetassen, die Johanna Magdalena selbst von deren Tante erhalten hat. Deutlich wird aus diesen Präsenten, dass viele Kostbarkeiten in Fischbeck verblieben und von einer zur nächsten Kapitularin vererbt wurden – als Andenken für Freundschaft, Liebe und Treue.

Die übrigen Möbel und die viersitzige Kutsche – *mit grau Tuch ausgeschlagen* – sollen verkauft werden, ebenso die Bilder mit Ausnahme der Familienbildnisse. Das Auktionsergebnis war offensichtlich zufriedenstellend, denn Bartha Elisabeth dankt

---

294 Louise Eleonore (1746–1803), Tochter von Levin Friedrich von Bismarck, Regierungsdirektor und Erbherr auf Crevese, Briest und Döbblin, und Sophia Amalia geb. von der Schulenburg.

295 ASF: VI.c.3. 1762 Mai 19.

296 Elisabeth Christina von Stammer wurde 1753 eingeführt und verheiratete sich mit einem Herrn von Spiegel zu Reden.

297 ASF: VI.c.3. Disposition, hier auch das Folgende.

Äbtissin von Haus, dass sie mit dem Verkauf *alles so wohl zum Stande gebracht,* [...] *daß so vihl Geld davon gekomen, wie* [sie] *nicht vermuhtet habe.*[298]

Dankesschreiben erreichen Katharina von Haus auch von den Nichten der Verstorbenen. Albertine Louise von der Albe, die einzige Tochter Ludolf Augusts, bekundet ihren Dank für die Mühe, den silbernen Leuchter nach Halberstadt zu übersenden:

Ew Hochwürden bin für die übernommene mühe, mir ein Leuchter, welche mir meine Seelige Tante vermacht, zu überschicken, sehr obligiret und würde mir eine wahre Freude sein, wenn ich meine danksagung an Ew Hochwohlgeboren mündlich abstatten [...] *könte, um so viel mehr, da mir bewust, daß Ew Hochwürden meiner seeligen Tante, welche ich hertzlich geliebt und hochgeschätzet, jederzeit viele Freundschafft erwiesen und jetzt nach Ihrem absterben sich noch viele mühe wegen ihrer Verlaßenschafft geben.*[299]

Charlotta von Bornstedt zu Dahlen gibt den Nachlassverwalterinnen Anweisungen zur Versendung ihres ererbten Mobiliars über Hannover und Magdeburg nach Ziesar, was angesichts der Kriegszeiten äußerst kompliziert ist. Der Brief verdeutlicht die Schwierigkeiten des Transportwesens in jener Zeit:

Die betten hätte ich gerne mit denen andern Meubles als Zinn, Silber, anziehzeug und Linne hier herunter, ich habe geglaubt, es würde meine älteste Schwester zu Cappel dieserwegen vor mich gesorget haben, weil ich weiter von Fisbeck als sie entlegen, bey itzigen Kriegerischen Umständen ist es schwehr, fuhre zu bekommen, Kärner[300] *seynd hier nicht, und wegen der vielen liefferungen zu denen Armeen seynd bey dem landman keine Pferde zu bekommen, auch fählt es ihnen wegen der Werbung an Knechte; meine Meynung ist demnach, daß die Sachen entweder auff der Post, auch wann Fuhrleuthe oder Kärner dort anzutreffen, solche in Magdeburg bey meinen Schwager, dem general Bornstet absetzen oder gantz nach Ziesar in der apotheck bey dem herrn Hoffmeister abliefferten; auff der Post wäre es wohl am sichersten, die Sachen müsten in kleinere Lasten oder Verschläge vertheilet werden* [...].

Ewer Hochwürden werden mit der Frau abtißin, an der ich mich gehorsahmst empfehle, es zu über legen geruhen, auff was arth ich die Sachen am füglichsten anhero bekommen kann; ich werde solche mir erzeigende große gefälligkeit danckbarlich erkennen und mit vollkommenster Hochachtung stets beharren Ewer Hochwürden gantz ergebenste und verbundenste dienerrin

C de Bornstedt, nee de Bismark.[301]

---

298 ASF: VI.c.3. 1762 August 5.

299 ASF: VI.c.3. 1762 Juni 11.

300 Fuhrmann.

301 ASF: VI.c.3. 1762 Juli 12.

Hermine Margarete von Werder, die einzige Tochter von Georg Friedrich, quittiert den Erhalt des vermachten Silbers *als 6 Meßer, 6 gabeln, 6 Leffel nebst 2 vorlege Leffel und einer silbernen Schale* für sich und ihre Tochter.[302]

6.6 Bartha Elisabeths Ende

Anlässlich des Todesfalls schreibt die Cappeler Äbtissin von Donop an Äbtissin von Haus in Fischbeck:

Dero gütigen Befehl zu volge habe allen mögeligen forsicht gebraugt, den schrecken unser frölen v. Bismark zu minderen, doch ist sie wie man dencken kann über den unvermuteten toht sehr Betreten, und wünsche ich selber, das es ihr bei ihren hohen Alter nicht schaden möge, noch ist dabei zu Bemerken, das sie seit einigen Tagen mit einen Catar überfallen, wan diße Beide punte die Kreffte nicht hinderlich, so hoffe, das sie sich nach ihren munteren gemüte in den Gottligen willen Bald finden sohl, wie ich von Herzten noch lengeres leben wünsche.[303]

Das muntere Gemüt hat Bartha Elisabeth offensichtlich nicht verlassen, denn bei allem Schmerz um die Schwester lässt sie die praktischen Dinge, die sie persönlich betreffen, nicht aus den Augen. Voreilig hat sie ihre kostbarsten Besitztümer zu Beginn des Krieges ihrer Schwester in Fischbeck in Verwahrung gegeben, ohne mit deren vorzeitigem Tod zu rechnen. Bereits im ersten Brief nach dem Tod Johanna Magdalenas, am 11. Mai, bittet sie Katharina von Haus:

Eur Hochwürden Frau Abadissin wollen die gütige Vorsorge tragen, die kleinen Kuffer, worein ich meine obligations Sielber und mer Schriefften habe, wie auch den Kasten, worin ich Linnen Zeug habe, und einen Verschlag mit Zinn und Kupfer, so ich meiner Seeligen Schwester in Verwarrung geschiecket, wan es könte nach Brak sicher durch eine Fuhre von Fischbeck gebracht werden, so es aber bey Jezt unruhiger Zeit gefärlig were, so bitte das Eur Hochwürden so gnädig seyn und nemmen es in Verwahrung.[304]

Ein weiteres Mal findet die Transaktion am 17. Juni Erwähnung:

Eur Hochwürden geertes Schreiben habe ich den 14. Junii mit den schwären Kastgen, worin die 200 rth an harten guthen Gelde und an Golde, [...] richtig erhalten, Benebst das pacet Briewe, es war sehr guht, das das kästgen mit doppelten Wachsduch versehen war, wie ich es Loß machte, vill in Stücken der Boden heraus.[305]

Ihre Sorge nimmt kein Ende, denn noch einmal heißt es am 25. August:

302 ASF: VI.c.3. 1762 Juli 15.

303 ASF: VI.c.3. 1762 Mai 11, S. 1–2.

304 ASF: VI.c.3. 1762 Mai 11, S. 5.

305 ASF: VI.c.3. 1762 Juni 17, S. 1.

Ich erkühne mir daher Eur Hochwürden gehorsamst zu bitten, die drey Stücke, den kleinen Kuffer, worin all mein Sielber habe, einen schwartzen höltzern Kuffer mit drell und Linnen Zeuge, 3. ein klein Verschlag mit Zinnen Zeug in dero Verwarung zu nemmen.[306]

Bartha Elisabeth lebt trotz ihrer Schwäche noch zehn Jahre. Die mit Gotthilf August Francke während dieser Jahre ausgetauschten Briefe enthalten Genesungswünsche und Dank für Arzneimittel aus der Hallenser Apotheke.[307] Im September 1764 informiert sie Francke über eine in Cappel und Lippstadt grassierende Fiebererkrankung: *Hier an diesen kleinen Ohrt unter so wenig Menschen Grassiert ein ansteckendes Fieber, auch in Lipstad, kommen aber durch Gottes Hülffe durch.*[308]

Zwei Jahre später, im August 1766, zeugt ein Antwortbrief Gotthilf Augusts von Bartha Elisabeths unermüdlichem Bemühen, jungen Menschen zu einem Start ins Leben zu verhelfen. Allerdings sind die Regeln für die Aufnahme ins Waisenhaus strenger geworden. Nur wirklich elternlose Waisen werden aufgenommen:

Was übrigens dero geneigte Recommendation eines abgesetzten Predigers Sohns betrifft, der sich in Lippstadt aufhält, so würde, ohnerachtet ich mit armen Kindern von der Straße überladen bin und den wenigsten dienen kann, doch gern etwas außerordentliches aus Hochachtung gegen Ew Hochwohlgeboren zu thun gesucht haben, wenn nicht der Vater noch lebte. Da die Wohlthaten des Waysenhauses nur für wirkliche elterlose Waysen bestimmt sind, daher ich bedaure, daß ich dermalen nicht dienen kann, und wünsche, daß der Herr den armen Vater auf andere Weise seine Herberge erfahren lassen wolle, woran auch nicht zu zweifeln ist, wenn er unschuldig ist, da der Herr sich alle derer treulich annimmt, die um seines Namens willen leiden.[309]

Am 2. September 1769 stirbt Gotthilf August Francke. Bartha Elisabeth kondoliert seiner Witwe Eva Wilhelmine, die seit 1750 mit ihm verheiratet war.[310] Da sich Gotthilf August eine Leichenpredigt zu Lebzeiten verbeten hat, hält sein Nachfolger Johann Georg Knapp[311] am 17. November lediglich eine Gedächtnisrede auf den verstorbenen *Consistorialraht.* Für die Übersendung dieser Erinnerungsworte[312] und für weitere Bücher bedankt sich Bartha Elisabeth im August des folgenden

306 ASF: VI.c.3. 1762 August 25, S. 1.

307 AFSt/H C 353: 5. 1767 August 8.

308 AFSt/H C 353: 2, S. 2–3. 1764 September 1.

309 AFSt/H C 353: 4, S. 1–2, 1766 August 16.

310 SBB-PK: Stab/F 5, 1/8: 5, 1769 September 13. Eva Wilhelmine von Gersdorf (1710–1793) war die zweite Ehefrau Gotthilf Augusts.

311 Dr. Johann Georg Knapp (1705–1771) war zunächst Lehrer am Pädagogicum, wurde 1739 ordentlicher Professor an der Theologischen Fakultät in Halle und fungierte seit 1738 als Konrektor des Waisenhauses.

312 AFSt/H C 335: 17, 1770 Juni 26.

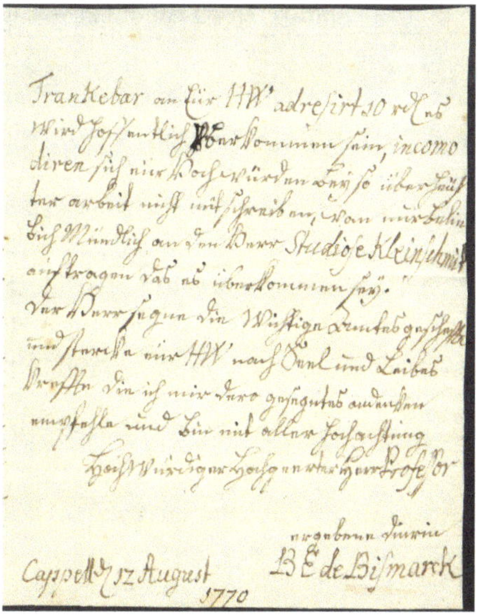
Trankebar an Eür HW adresirt 10 rthl es
wird hoffentlich wol überkommen sein, incomo
diren sich nicht Hochwürden denn so überhäuf
ter arbeit nicht mit schreiben, wann nur Jemand
sich Mündlich an den Herrn Studiose Kleinschmit
auftragen daß es überkommen sey.
Der Herr segne die wichtige Amtsgeschäfte
und stärcke Eür HW nach Seel und Leibes
Kräften die ich mir dero gesegnetes andencken
empfehle und bin mit aller Hochachtung
Hochwürdiger Hochgeehrter Herr Professor
ergebene Dienerin
Cappeln 12 August 1770 B E de Bismarck

Brief 4 Bartha Elisabeth von Bismarck, 1770 August 12, S. 3

Jahres.[313] Auch nach Gotthilf Augusts Tod bleibt Bartha Elisabeth dem Missionswesen verbunden und empfängt die jetzt von Knapp an sie versandten „Halleschen Berichte“ und zusätzlich die Pennsylvanischen Nachrichten.[314] Der Eingang einer Missionsspende über 10 Rt für Tranquebar wird ihr im August quittiert.[315] Im Juli 1772 dankt sie für weitere Missionsberichte,[316] und im November bestellt sie erneut Medikamente in Halle.[317]

Noch zweimal hören wir von ihr im November und Dezember des Jahres 1773, als sie Briefe an Sebastian Andreas Fabricius und Gottlieb Anastasius Freylinghausen[318] richtet und eine Missionsspende zu Gunsten Tranquebars und des Institutums Judaicum et Muhammedicum sowie als letztes ein Legat zu Gunsten der Mission in Ostindien sendet.[319] Danach verliert sich ihre Spur. Zuvor, am 15. September 1773, konnte sie ihr 86. Lebensjahr vollenden und erreichte so – abgesehen von ihrer Schwester Charlotta von Bornstedt, deren Todesdatum unbekannt ist – das höchste Lebensalter unter all ihren Geschwistern.

313 AFSt/H C 353: 10, 1770 August 12.

314 AFSt/H C 808: 40, 1769 Dezember 1.

315 AFSt/M 5 B 2: 54, 1770 August 16.

316 AFSt/M 3 C 3: 11, 1772 Juli 22.

317 AFSt/H C 745: 22, 1772 November 27.

318 Gottlieb Anastasius Freylinghausen (1719–1785), Sohn des Johann Anastasius Freylinghausen, seit 1771 Direktor der Franckeschen Stiftungen.

319 AFSt/M 3 C 5: 78, 1773 November 7 und AFSt/M 3 C 5: 98, 1773 Dezember 24.

6.7 Was bleibt

Der außerordentliche Bücherschatz Johanna Magdalena von Bismarcks – der älteste, der in Fischbeck nachweisbar ist – wird nach dem Tod der Kapitularin verkauft und findet Abnehmer unter ihren Mitschwestern, bei Pastor Frederking und bei Amtmann Friedrich Georg Schlüter. Im Nachlassverzeichnis der Bücher, die am 31. Mai 1762 an die Meistbietenden verkauft wurden, finden sich folgende Käuferinnen und Käufer: Äbtissin Katharina von Haus kaufte für 2 Rt, 24 Mgr,[320] Johanne von Westernhagen und Charlotte von Veltheim jeweils für einen Rt und Charlotte von Halcke für 9 Mgr. Von den neuen Kapitularinnen erwarben Friederike von Haren Lesestoff für einen Rt, 20 Mgr, Auguste Charlotte von Arnstedt für 28 Mgr und Elisabeth Charlotte von Grothaus für 18 Mgr. Amtmann Schlüter kaufte Schriften für 4 Rt, 8 Mgr und Pastor Frederking für einen Rt, 33 Mgr. Insgesamt kam ein Erlös von 22 Rt, 17 Mgr zusammen. Den größten Lesehunger offenbarte danach Amtmann Schlüter.

Johanna Magdalenas Leselust wurde demnach von ihren Mitschwestern und Stiftsangehörigen geteilt. Die Auktion ist aber leider auch ein Beleg dafür, dass der Wert ihrer Privatbibliothek zu jener Zeit nicht erkannt wurde und dass es an Verständnis dafür fehlte, eine solche Sammlung dem Stiftskapitel als Erbe ungeteilt zu hinterlassen. Dies empfand schon Äbtissin Sophie Jakobine von Münchhausen (1803–1831), die wenige Jahre später nach ihrem Amtsantritt 1803 bemerkte: Das Stift besitze *keine Manuscripte, auch keine Monumente, keine Medallien, keine Bibliothec, nicht einmal ein einzeln Buch, was dem Geschichts Forscher wigtig währe, keine Gemählde, nichts, nichts von diesem allen.*[321]

Vierzig Jahre lagen zwischen dem Ausverkauf von Johanna Magdalenas Bibliothek und dem Stoßseufzer der Äbtissin von Münchhausen. Innerhalb einer Generation waren ihre Bücher in alle Winde zerstreut. Nur einige wenige Exemplare aus ihrer Bücherliste befinden sich noch heute in der Stiftsbibliothek:

Ein in Leipzig gedrucktes Predigtbuch von 1611 stammt nach den Initialen auf dem Vorderdeckel *H K* vermutlich von der Mutter der Äbtissin Anna Knigge (1627–1663), Hypolitta Knigge geb. von Oberg.[322] Anna Knigge wird das Buch mit dem Titel *Evangelia und Episteln*[323] 1627 aus ihrem Heimatgut Bredenbeck mit ins Stift gebracht haben.

Ein weiteres Buch hat sich aus dem Besitz der Äbtissin Elisabeth Sidonie von Arenstedt erhalten. Der 1626 in Leipzig gedruckte *Psalter Des königlichen Propheten Davids* war ebenfalls ein Geschenk der Mutter, die das Buch ihrer Tochter 1653

320 1 Rt = 36 Mgr (Mariengroschen).

321 ASF XXX.a.1.Bd. 3: HS XII., S. 10.

322 von der Osten: Die Rittergüter, S. 38.

323 Zu diesem und den folgenden Titeln vgl. das Bücherverzeichnis im Anhang.

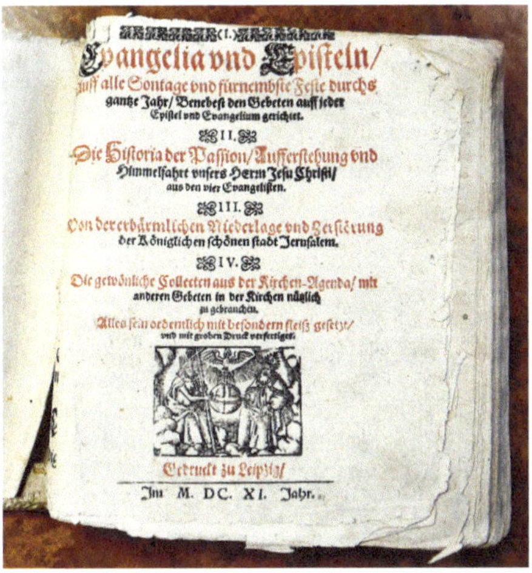

Abb. 49 Evangelia und Episteln, Leipzig 1611

übereignete und eigenhändig mit einem Segensspruch versah. Ergänzt wurde der Spruch durch den Vermerk der Äbtissin:

Dißer vor geschribene Sehgen undt Vermahnunge ist von meiner liben frau Mutter auf gesetzet worden, wie Sie mir diß buch geschencket hat.
Anno 1653 Ilsa Sydonia von Arenstedt.

Zu diesem Zeitpunkt war Elisabeth Sidonie bereits seit vier Jahren Kapitularin in Fischbeck. Vielleicht schenkte ihre Mutter ihr die Bibel bei einem Besuch in Fischbeck.

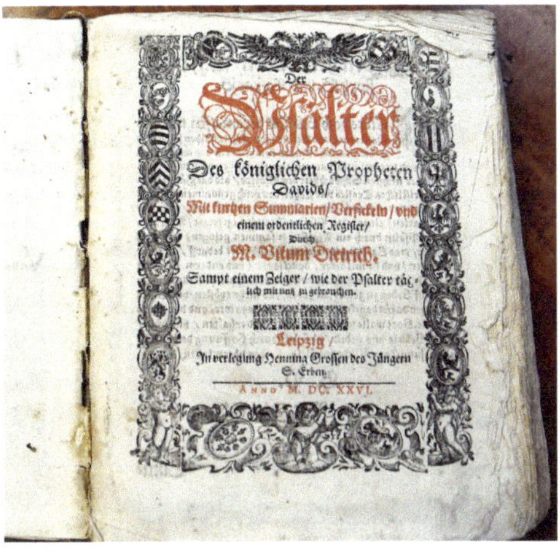

Abb. 50 Psalter, Leipzig 1626

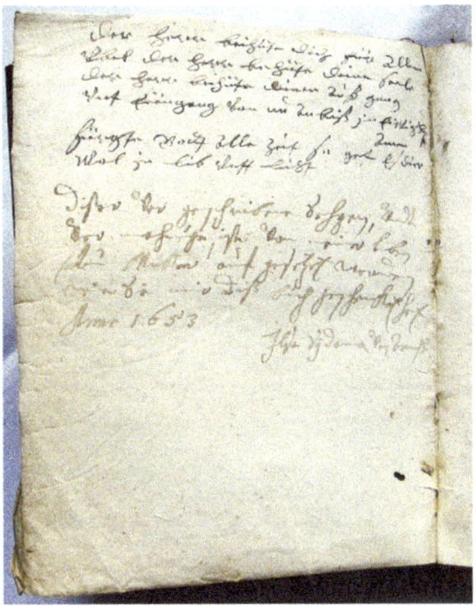

Abb. 51 Segensspruch und Autograph, Psalter 1626

Abb. 52 Bibel, Lüneburg 1679

Auch eine Lüneburger Bibelausgabe von 1679, die Elisabeth Sidonie als Äbtissin zur Nutzung auf dem Damenchor anschaffte, lässt sich in dem Bücherinventar Johanna Magdalenas nachweisen. Das Buch zeugt vom gemeinsamen Bibelstudium des Kapitels. Auf der Seite 1 ist ihr Eintrag zu lesen: *Anno 1683, den 26 Meii habe ich diße bibel gekauft auf dem kore zu gebrauchen, der große Gott helffe, daß eß nicht ohne nutz undt frucht, sondern zu seinen Ehren geschen möge. Ilsa Sydonia Abatisa deß keißer freyen stifftes Fischbeck, geboren von Arenstedt.*

Endlich wird sich auch eine Erfurter Bibelausgabe von 1737, die sich heute in einem äußerst beklagenswerten Zustand befindet, in den Händen Johanna Magdalenas befunden haben.

Immerhin hat es eine Reihe von Briefen der Schwestern von Bismarck in die umfangreiche Sammlung der Korrespondenz August Hermann Franckes in Halle und Berlin geschafft, wo sie zusammen mit vielen anderen Anhängern des Theologen Zeugnis ablegen von einer Frömmigkeitsbewegung, die, obwohl in erster Linie die Innerlichkeit des Menschen ansprechend, doch auch im sozial-karitativen Bereich wirksam war und viele Nachahmer im ganzen damaligen Reich gefunden hat. Aus den Ideen dieser Bewegung schöpften viele geistige Größen, Philosophen, Dichter und Dichterinnen der folgenden Jahrzehnte.

Abb. 53 Bibel, Erfurt 1737

Anhang

1. Bücherverzeichnis der Johanna Magdalena von Bismarck

Verzeichnis der 1762 vorgefundenen Bücher[324]

Bibeln:

Eine Lüneburgische große Bibel [Lüneburg 1679]
Eine Hildesheimische dito in 4to [Hildesheim 1741]
Eine Hallesche dito in 4to [Halle 1742]
Eine dito in 4to
Eine dito in 8tav [Biblia, Erfurt 1737]
Eine dito in 8tav

Gebets-, Psalmen- und Andachtsbücher:

Auslegung über einige Psalmen Davids 2° [Psalter des königlichen Propheten David, herausgegeben von M. Vitum Dietrich, Leipzig M. DC. XXVI. (1626)]
Ein Lüneburgisch Bus-Gebethbuch 8° [Einer gläubigen und andächtigen Seelen tägliches Bet-Buß- Lob- und Danckopffer: das ist ein grosses Gebetbuch, Lüneburg 1654]
Gebeth Buch von 2 hohen Standes Persohnen 4°
Eine sehr alte Hauß Postille
Ein Hallisches dito [Spruchkästchen]
Mesopotamische Schäferin 8°
Gülden Kleinnoth der Kinder Gottes
Die 3fache Zukunfft unsers Heylandes Jesu Christi in 8tav

324 Die in der Bücherliste verzeichneten Titel sind unvollständig und enthalten oft nur wenige Schlagworte. Diese Titel sind kursiv gesetzt. Die vollständigen Werkangaben wurden anhand des GVK ermittelt und sind in eckige Klammern gesetzt. Erscheinungsort und Erscheinungsjahr sind im Original in der Regel nicht angegeben. Die Titel wurden daher nach dem Erscheinungsjahr der Erstausgabe (soweit bekannt) geordnet. Die Formate 2° (Folio), 4° (Quart), 8° (Oktav) und 12° (Duodez) sind dem Verzeichnis entnommen.

Gesangbücher:

Vier unterschiedl. Rintelsche Gesangbücher [Newes Gesangbuch/ Darin außerlesene Psalmen/ Geistliche Lieder und Lobgesäng/ Sampt Dazu gehörigen Collecten/ Durch D. Mart. Luth. und andere Gottselige fromme Lehrer. …, Rinteln 1636]

Sächsische dito 2 Stück [Dreßdenisch Gesangbuch Christlicher Psalmen und Kirchenlieder Herrn D. Martinti Lutheri/ …, Dresden 1656]

Zwey Hildesh. Dito [Geistliches Gesangbüchlein/ D. Mart. Luth. auch anderer geistreichen Lehrer und Liebhaber Göttlichen Worts, Hildesheim 1657]

Drey Braunschweigische Gesangbücher [Neu-vermehrtes vollständiges Gesangbuch, Braunschweig 1661]

Ein Hallisches Gesangbuch [Neues Gesangbüchlein von mehr als anderthalb hundert D. Lutheri/ … in diese form mit Fleiß eingerichtet [Johann Gottfried Olearius], Halle 1669]

Ein Kötensches Gesangbuch [Neu-vermehrtes und Neu-eingerichtetes Gesang-Buch, …. herausgegeben von Johann Conrad Lobethan, Köthen 1733]

Stadthäger dito von Haubert [Eberhard David Hauber, Vollständiges evangelisches Gesang-Buch, der Lutherischen Kirchen in der Grafschaft Schaumburg-Lippe, Stadthagen 1745]

Gesangbuch, Rinteln 1739

Theologische und Erbauungsliteratur:[325]

Thomas von Kempen[326] (1380–1471), *Kleines Gebethbuch 12°*

Martin Luther (1483–1546), *Catechismus Predigten 8°* [Der kleine Catechismus … außgelegt in 17 Predigten, Leipzig 1549]

Martin Luther, *Hauß-Postille 8°* [über die Sonntags- und der fürnehmsten Feste Evangelien, durchs gantze Jahr, Jena 1562]

Martin Luther, *Neues Testament 8°*

Martin Luther, *Das neue Testament mit paralel-Sprüchen und noten vermehret 8°*

Martin Luther, *Auslegung über den 51 te(n) Psalm 8°*

Martin Luther, *Christenthum 8°*

Cyriacus Spangenberg (1528–1604), *Predigten über die Sonn- und Festtage 4°* [Christliche Predigten Uber Etliche Sontags-Evangelia und andere Sprüche der Heiligen Schrifft …, Eisleben 1568]

---

325 Die biographischen Nachweise zu den Autoren entstammen – soweit nicht anders gekennzeichnet – den einschlägigen biographischen Nachschlagewerken (ADB, DBI, NDB), den theologischen Lexika (TRE, RGG, BBKL) und der freien Enzyklopädie Wikipedia.

326 Augustiner-Chorherr und geistlicher Schriftsteller.

Johann Arndt[327] (1555–1621), *Joh. Arends Paradies Gärtlein 8°* [voller Christlicher Tugenden, Magdeburg 1612]

Johann Arndt, *Dergleichen über den gantzen Psalter 2°* [Auslegung des gantzen Psalters Davids des Königlichen Propheten ... Jena 1617]

Johann Arndt, *Wahres Christenthum 4°* [Vier Bücher vom Wahren Christenthum, Magdeburg 1630–1632]

Joachim Lütkemann[328] (1608–1655), *Vorgeschmack Göttlicher Güte* [Wolfenbüttel 1653]

Daniel Dyke[329] (*1614), [Nosce Te Ipsum oder] *Der Selbstbetrug, aus dem Engelschen übersetzt 8°* [Frankfurt 1663]

Theodor Undereyck[330] (1635–1693), *Des Sünders Wander-Stab* [zu Erkenntnis, Geniessung und Verklärung Gottes, Bremen 1678]

Johannes Lassenius[331] (1636–1692), *Biebelscher Weyrauch 8°* [zum süssen Geruch gottseeliger Andachten, Kopenhagen 1687]

August Hermann Francke[332] (1663–1727), *HaußPostille über die Sonn und Fest-Tags Evangelien gr. 4°*

August Hermann Francke, *Von Selbigen über die Epistele 4°* [Introductio in Epistolam, Leipzig, Halle 1689]

Dr. Paul Anton[333] (1661–1730), *Evangelisches Hauß-Gespräch von der Erlösung 8°* [Leipzig 1693]

Christoph Zeisseler[334] (Wirkungsdaten: 1668–1700), [Neu eröffneter] *Historischer Schauplatz 8°* [Leipzig 1695]

---

327 Johann Arndt amtierte von 1611 bis 1621 als Generalsuperintendent des Fürstentums Lüneburg. In seinen in den Jahren 1605 und 1612 entstandenen Hauptwerken – die *vier Bücher vom Wahren Christentum* sowie das *Paradies-Gärtlein voller Christlichen Tugenden* – wirken Traditionen mittelalterlicher Mystik und der Naturphilosophie des Paracelsus nach, womit er sich von seinen orthodox-lutherischen Zeitgenossen abhob, für die das Ringen um die reine orthodoxe Lehre zentrales Anliegen war. Vgl. Weber: Johann Arndts vier Bücher vom Wahren Christentum.

328 Seit 1638 Pfarrer und Professor in Rostock, 1649 Oberhofprediger und 1651 Generalsuperintendent in Wolfenbüttel, 1753 Abt des Klosters Riddagshausen. Brecht: Das Aufkommen der neuen Frömmigkeitsbewegung, S. 170.

329 Original: The Mystery of Selfe-Deceiving, 1. Aufl. 1614. Deppermann: Der Englische Puritanismus, S. 30.

330 1668–1670 Hofprediger in Kassel. Ab 1670 Past. Prim. in St. Martini zu Bremen. Goeters: Der reformierte Pietismus, S. 241, 253 ff.

331 1654 Univ. Rostock, 1657 Nürnberg, 1676 Pastor an der St.-Petri-Kirche in Kopenhagen, Lehrstuhl an der Universität Kopenhagen.

332 Hauptvertreter des Pietismus, Prof. für Griechisch und Theologie in Halle, Auseinandersetzung mit der luth. Orthodoxie, 1715–1727 Pfarrer an St. Ulrich, 1698 Gründung des Waisenhauses, später der Franckeschen Stiftungen.

333 1678 kurfürstlich sächsischer Oberhofprediger, 1695 Prof. für Theologie in Halle.

334 Respondent in Wittenberg

August Hermann Francke, *Fanckens Bus-Predigten 4°* [Buß-Predigten Uber verschiedene Texte der Heil. Schrifft, Halle 1699] Die früheste der 11 Predigtsammlungen Franckes.

Johann Michael Müller (1637–1704), *Der Psalm David mit Anmerkungen von Hedinger 8°* [Die Psalmen Davids Nach den mehrentheils bekandten Gesang-Melodien Reim-weiß übersetzet mit Anmerkungen von Hedinger[335] Stuttgart 1700]

August Hermann Francke, *Erklährung über die* [Aus der] *Offenbahrung Johannis 2°* [Halle 1702]

August Hermann Francke, *Erklährung über den Psalter 1ten Thom* [Die Geistlich-Gerührte Harpffe Davids, Oder Das Heilige Psalter Buch, Stuttgart 1703]

August Hermann Francke, *dito 2ten Thom 4°*

Johann Christoph Schinmeyer[336] (1696–1767), *Ein Spruchkäßtchen* [Biblisches Spruch- u. Schatzkästchen, worinnen 200 Sprüche der heiligen Schrifft .... mit Worten des seeligen Lutheri erklärt worden, zusammengetragen von Johann Christoph Schinmeyer, Bayreuth, (s. a.) ca. 1700 und 1719)]

Amadeus Creutzberg[337] (1657–1742), *Passions Predigten* [Wahre Seelen-Ruhe in den Wunden Jesu oder Achtzig Paßions-Andachten, Leipzig 1703]

Johann Anastasius Freylinghausen[338] (1670–1739), *Grundlegung zur Theologie* 8° [Halle 1703]

Christian Scriver[339] (1629–1693), *Kleiner Seelen Schatz 4°* [Wittenberg 1704]

Johann Anastasius Freylinghausen, *Ein Hallisches Compendium in 2 Bänden in 8tav* [Halle 1705]

Töllner, Justinus[340] (1656–1718), *Ein dito* [Spruchkästchen] *von Tölener* [Biblisches Spruch-Buch/ in welchen zu finden Über 1900 herrliche Sprüche und viel bekande Reim-Gebetlein Auf alle Sonn- und Fest- Tage. Editio III. Halle/ in Verlegung des Waysenhauses/ MDCCIX 1180 S. 12°]

August Hermann Francke, *Nachrichten und Anstalten vom Weisen Hause in Halle 8°* [Nachrichten Das Wäysen-Haus und übrige Anstalten hieselbst zu beurtheilen ..., Halle 1710]

August Hermann Francke, *Franckens Anspruch* (sic) *an die Studirende Theologie* [Idea studiosi Theologiae oder ... bestehend in einer Ansprache an die Studiosos Theologiae zu Halle, Halle 1712]

---

335 Johann Reinhard Hedinger (1664–1704), württembergischer Pietist.

336 1767 Hauptpastor in Tübingen

337 Pseudonym für Philipp Sinold Balthasar von Schütz, Mitglied der Fruchtbringenden Gesellschaft in Halle.

338 Schwiegersohn und Nachfolger Franckes in Halle. Schöpfer des bedeutendsten Gesangbuches des Pietismus. Vgl. BBKL, Bd. 2, Sp. 120 f.

339 1690 kurfürstlich sächsischer Oberhofprediger, Konsistorialrat und Schulinspektor in Quedlinburg. 1704 Wittenberg, 1745 Magdeburg. Brecht: Das Aufkommen der neuen Frömmigkeitsbewegung, S. 175.

340 Luth. Theologe. Stud. Leipzig, 1682 Prediger zu Panitzsch b. Leipzig, seit 1696 Inspektor des Franckeschen Waisenhauses zu Halle.

Timotheus Gotthold[341] (1663–1714), *Sieg- und Siegesbitte 8°* [s. a., ca. 1712–1714]

Kurtze Historie von der Haupt Verfolgung der ersten Christen 8°

Historie von einigen Schwedischen Gefangenen in Syberien 8°

Johann Anastasius Freylinghausen, *Übung der Gottseel. in Geistl. Liedern* 8° [Neues Geistreiches Gesang-Buch, Halle 1714]

Aemilie Juliane Gräfin Schwarzburg und Hohenstein[342] (1637–1706), *Täglicher Umgang mit Gott, bestehend in Gebeth und Lieder 8°* [Der Freundin des Lammes Täglicher Umgang mit Gott, Bestehend In Gebet, Seufftzern und Liedern: Auf alle Zeiten, Stände und Fälle, Leipzig 1714]

Johann Hieronymus Wiegleben[343] (1664–1730), [Ausführliche] *Kirchen Historie 4°* [von der Erschaffung der Welt, Bis auf Christum/ Zusammt der Chronologie; aus den besten Autoribus mit Fleiß verfertiget, Halle, In Verlegung des Waysenhauses, 1716–1729, 3 Bde. 4°]

Coismart, *Die Glückseeligkeit des Christlichen Todes in 8tav* [vormahls in Frantzösischer Sprache in Druck gegeben, Prag 1716]

Amadeus Creutzberg (1657–1742), [Heilige] *Betrachtung auf alle Tage im* [des gantzen] *Jahre*[s] *nebst Paßions Predigten 4°* [Leipzig 1718]

Karl Heinrich von Bogatzky[344] (1690–1774), *Ein Hallisches dito* [Güldenes Schatz-Kästlein der Kinder Gottes, Halle 1718]

Dr. Johann Wilhelm Petersen[345] (1649–1727), *Lebensbeschreibung 8°* [1719]

Erdmann Heinrich Graf Henckel[346] (1681–1751), *Letzte Stunden 8°* [Halle 1720–1733]

Erdmann Heinrich Graf Henckel, *Über das hohe Lied Salomonis in deutschen Versen*

Erdmann Heinrich Graf Henckel, *Ein Spruchkäßtchen*

Ambrosius Wirth[347] (1656–1723), *Die 4 Evangelisten* [Mit] *(in) Frag und Antwort 8°* [Nürnberg 1721]

---

341 Tätig in Christianzell/Lobenstein. Brecht: Das Aufkommen der neuen Frömmigkeitsbewegung, S. 175

342 Pietistin, Liederdichterin, Gemahlin von Albrecht Anton Graf Schwarzburg-Rudolstadt.

343 Pastor in Glaucha.

344 Geboren in Niederschlesien, privater Seelsorger und Erbauungsschriftsteller in Halle. Neben A. H. Francke erfolgreichster Erbauungsschriftsteller des Hallischen Pietismus, dessen bekanntestes Werk *Das Güldene Schatzkästlein* ist. Das Buch wurde zwischen 1718 und 1862 von Halle aus in 150.000 Exemplaren verbreitet und erschien 1894 in 62. Auflage.

345 Radikaler Pietist, 1677 Prof. in Rostock, Pastor an der Aegidienkirche zu Hannover, 1688–1692, Superintendent in Lübeck. Nach Konflikten mit der Stadtgeistlichkeit 1692 Amtsenthebung. Verbindung zu der Visionärin Rosamunde von der Asseburg, 1692.

346 Erdmann Heinrich Henckel Graf von Donnersmark, Herr auf Oderberg und Pölzig, Sachsen-Altenburg und Schlesien, bis 1743 vormundschaftlicher Regent für Heinrich XI. in Reuß, Verfasser eines Sammelwerks pietistischer Sterbestundenberichte.

347 Geboren bei Meissen, Zuchthausprediger in Nürnberg, 1695 Gründung einer Armenschule, enger Freund A. H. Franckes.

Johann Jacob Rambach[348] (1693–1735), [Exegetische und] *moralische Gedanken über das innerliche Leyden Christi 8°* [Jena 1722]

Johann Jacob Rambach, *Poetische Festgedanken 8°* [Jena 1723]

August Hermann Francke, *Gedächtnis- und Leichen Predigt*[en] *4°* [Halle 1723]

August Hermann Francke, *Catechismus Predigten gr. 8°* [Halle 1726]

Gottfried Arnold[349] (1666–1714), *Evangelische Reden über die Sonn- und Festtage 8°* [Die Evangelische Botschafft Der Herrlichkeit Gottes In Jesu Christo, nach denen ordentlichen Sonn- und Fest-Tags-Evangelien vorgetragen … , Leipzig 1727]

Johann Porst[350] (1668–1728), *Göttliche Führung der Seelen 8°* [Auf dem Weg zur seligen Ewigkeit, Halle 1727]

Johann Porst (1668–1728), [Theologia Homileticia In Exemplis. Oder] *Verschiedene Predigten 8°* [Halle 1727]

Dr. Isaac Watts (1674–1748), *Predigten über Todt und Himmel 8°* [Johann Watts Predigers zu Stoke-Newington in Engelland Tod und Himmel, Halle 1727]

Carl Hildebrand Frhr. von Canstein[351] (1667–1719), [Das] *Muster eines rechtschaffnen Lehrers* 8° [Oder. Ausführliche und erbauliche Lebens-Beschreibung des umb die gantze evangelische Kirche bestverdienten und in Gott ruhenden Theologi, D. Phil. Jacob Speners, Frankfurt, Leipzig 1729]

Johann Anastasius Freylinghausen, *Catechismus Predigten 8°* [Halle 1730]

Johann Anastasius Freylinghausen, *Jubell Zeugnis 8°* [Halle 1730]

Johann Jacob Rambach, *Betrachtung über das innerliche und äußerliche Leyden Christi im Ohlgarten 8°* [Jena 1730]

Johann Liborius Zimmermann[352] (1702–1734), *Richtiger Weg zur Seeligkeit 8°* [Die überschwengliche Erkenntniß Jesu Christi Als ein richtiger, leichter und seliger Weg zu einer wahren und beständigen Kraft im Christenthum zu gelangen, Halle 1731]

Johann Jacob Rambach, *Betrachtung über den Rath Gottes von der Menschen Seeligkeit* 4° [Giessen 1732]

August Hermann Francke, *Franckens Anweisung zum Gebeth in Dued.* [Schriftmäßige Anweisung Recht und Gott wohlgefällig zu Beten, Halle 1732]

---

348 Schüler A. H. Franckes, 1731 Berufung an die Universität Gießen, Neuregelung des Schulwesens in Oberhessen. Ackva: Pietismus in Hessen, S. 204.

349 Schüler Jacob Speners, 1705 Prediger in der Altmark, 1707 Superintendent in Perleberg, Geschichtsprofessor in Gießen, Verfasser der Kirchen- und Ketzerhistorie (1699–1700), von der luth. Orthodoxie verfolgter Ketzer.

350 Schüler Jacob Speners, Pastor Prim. zu St. Nicolai in Berlin, Herausgeber eines pietistischen Gesangbuches.

351 Jurastudium in Wittenberg, brandenburgischer Hofbeamter, 1710 Stifter der Cansteinschen Bibelanstalt, finanzieller Förderer Speners und Gönner A. H. Franckes. Erster Biograph Speners.

352 Professor für Theologie an der Univ. Halle.

Genealogische Fragen über Teutschland 8° [Verbesserte Genealogische Fragen: Enthaltend den itzigen Zustand Der Hohen Häuser vom Europa und Sonderlich von Teutschland im Jahr 1733, Frankfurt, Leipzig 1733]

Dr. Joachim Lange[353] (1670–1744), *130 Fragen aus der neuen mechanischen Philosophie 4°* [Halle 1734]

Johann Anastasius Freylinghausen, *Bus Predigten 8°* [Halle 1734]

Johann August Majer[354] (1700–1759), [Erbauliche] *Betrachtungen über die 7 Worte Christi* [am Creutz, Halle 1734]

Adam Struensee[355] (1708–1791), *Zeugnis der Wahrheit zur Gottseeligkeit 8°* [Einfältige Zeugnisse der Wahrheit zur Gottseligkeit, oder catechetische Wiederholungen einiger Predigten über Sonn - und Festtagsevangelien; nebst 12 Fortsetzungen, Halle 1735 — 1744]

Adam Struensee, *Catechetische Betrachtung 8°*

Amadeus Creutzberg (1657–1742), *Kurtzer Auszug der vornehmsten* [Materien und] *Sprüche heil. Schrift 12°* [Alten und Neuen Testaments, Braunschweig 1737]

August Hermann Francke, [Betrachtungen über das] *Hohe Pristerliches Gebeth 8°* [Halle 1738]

David Hollatz (1704–1771), *Evangelische Gnaden Ordnung 8°* [Werningerode, ca. 1742]

Georg Konrad Rieger[356] (1687–1743), *Richtiger* [und leichter] *Weg zum Himmel 8°* [Stuttgart 1744]

Georg Konrad Rieger, *Vertrauter Umgang mit Gott*

Georg Konrad Rieger, *Warnung vor den Rückfall*

Benjamin Lindner, *Christian Ernst des frommen Leichen Predigt 8°* [Leichenpredigt für Christian Ernst, Herzog zu Sachsen, Jülich, Cleve und Berg am 4. Sept. 1745, Salfeld ca. 1745]

Georg Erich Weisbeck[357] (1715–1746), *Predigten über das Gleichnis vom verlohrnen Sohn* [Halberstadt? s. a.]

353 Prof. ord. zu Halle.

354 Aus Württemberg gebürtig, Pfarrer in Diemitz und Halle.

355 Professor der Universität Halle, Nachfolger Freylinghausens und Vater Johann Friedrich Struensees.

356 Württembergischer Pietist, Superintendent in Stuttgart. Weitere Werke: *Die Kraft der Gottseligkeit* (Predigtsammlung), 1712–1736, *Große Herzpostille* (Predigtsammlung), Züllichau 1742.

357 Schaffensperiode 1715–1746, geb. in Ungarn, Konsistorialrat und Generalsuperintendent des Fstms. Halberstadt, seit 1727 Oberdomprediger in Halberstadt.

Matthias Michael Kümmelmann[358] (1707–1767), [Kräftige Irrtümer Derer Freigeister ... in einer] *Hand- und Hauß Postille* 4° [Jena 1748]

Karl Heinrich von Bogatzky, *Tägliches Handbuch, 2 Bände 4°* [Tägliches Hausbuch der Kinder Gottes, Halle 1748]

Dr. Eberhard David Hauber[359] (1695–1765), [Antwort auf die ...] *Betrachtung über die Handlung* [Handschrift], *die wieder uns war 8°* [Kopenhagen 1750]

Karl Heinrich von Bogatzky, *Warnung von den Rückfall 8°* [Nöthige Warnung und Verwahrung vor dem Rückfall, Halle 1750]

Karl Heinrich von Bogatzky, *Vertrauter Umgang mit Gott von selbigen 8°* [Halle 1752]

Hedwig von der Osten[360] (1613–1676), [Geist-erquickende] *Trost-Quelle, aus dem lebendigen* [lebendigmachenden] *Worte Gottes 8°* [Leipzig 1754]

Johann Adam Löw (1710–1775) *Peter Dümolin,* [Das] *Irdische Vergnügen in Gott* [... vorgetragen von Johann Adam Löw, des Herzogthums Gotha General-Superintendenten, Gotha 1756]

Weitere Schriften:

Vier Bände gesamleter Leichenpredigten 2°
Ein Band dergl. Materie [Leichenpredigten] *4°*
Drey große Bände von gedruckten Leich Predigten
Piere, frantzösche Gramaire
ferner 200 kleine geistl. tracttätchen in türksch Papier gebunden in Dued.
42 dergleichen von der Juden Bekehrung
60 dergleichen von die Malibaden und Emigranten
65 Stück gedruckte Leichpredigten.

---

358 Pastor zu Ober- und Niederschmon, unter der Inspektion Freiburg, in Thüringen. Vollständiger Titel: *Kräftige Irrthümer Derer Freigeister, Epicurer, Heuchler, wie auch einiger schwacher Gemüther, unserer Zeit ..: In denen Sonn- und Festtäglichen Heiligen Reden durchs gantze 1744. Jahr bestritten, Und nun ... Mit vielen und nützlichen Nachrichten ... desgleichen einem fünfffachen Register ... allen und jeden ... zur Prüfung und Warnung, in einer Hand- und Haus-Postille, Als umgerissene Bollwercke des Teufels vor Augen geleget.*

359 Aus Schwaben gebürtiger lutherischer Theologe, 1726–1746 Superintendent in Stadthagen, dort Mitbegründer des Waisenhauses und einer Mädchenschule, Abschaffung von Teufelsaustreibung und Ohrenbeichte, anschließend Pfarrer und Konsistorialrat in Kopenhagen.

360 Aufgewachsen in Pommern während des Dreißigjährigen Krieges, verheiratete von Borchstorf oder von Burgsdorff, deutsche Dichterin evangelischer geistlicher Lieder.

2. Stammtafeln

Stammtafel von Arenstedt / von der Asseburg

- Hieronymus Brand v. Arenstedt zu Otzdorf, Domherr zu Halberstadt (1595–1636) ⚭ Isabelle Sidonie v. Bennigsen a.d.H. Banteln (1600–1670)
  - Johann Friedrich v. Arenstedt, Domkapitular zu Halberstadt (1624–1677) ⚭ Magdalene v. Stedern (1630–1663)
  - Anna Margaretha v. Arenstedt (1625–1680) ⚭ Ludwig v. der Asseburg zu Neindorf und Falckenstein (1622–1673)
    - **Louise Margarete v. der Asseburg** (1657–1698) ⚭ **Christoph Friedrich v. Bismarck** (1657–1704)
    - Elisabeth Maria v. der Asseburg, 1701 Äbtissin zu Fischbeck (1659–1717)
    - Hieronymus August v. der Asseburg, Domherr zu Halberstadt (1664–1717)
      - Johanna Margarethe (1695–1719) ⚭ 1714 Ludolf August v. Bismarck (1683–1750)
        - Albertine Louise v. Bismarck (*1719) ⚭ 1739 Friedrich-Wilhelm v. der Albe (†1758)
  - Elisabeth Sidonie v. Arenstedt, 1673 Äbtissin zu Fischbeck (1630–1701)

Stammtafel von Bismarck

- Friedrich v. Bismarck auf Crevese, Schönhausen und Briest (1513–1589) ⚭ ca. 1538 Anna v. Wenckstern († 1597)
  - Ludolf IV. v. Bismarck auf Briest u. Schönhausen (1541–1590) ⚭ Sophia v. Alvensleben a.d.H. Eimersleben (1560–1635)
    - Valentin v. Bismarck auf Briest u. Schönhausen (1580–1620) ⚭ Barte v. der Asseburg a.d.H. Falckenstein (1582–1642)
      - Ludolf (1608–1671)
      - August I. (1611–1670)
        - August II. (1666–1732) ⚭ 1694 Dorothea Sophia v. Katte (1669–1719)
          - August Friedrich I. (1695–1742)
            - Karl Alexander (1727–1797)
              - Karl Wilhelm Ferdinand (1771–1845)
                - Fürst Otto (1815–1898)
      - **Valentin Busso** (1613–1679) ⚭ Anna Kath. v. Bardeleben a.d.H. Ziesar († 1672)
        - Jürgen Valentin (1648–1670)
        - **Christoph Friedrich** (1652–1704) ⚭ 1. 1681 Louise Margarete v. der Asseburg a.d.H. Neindorf (1657–1698); ⚭ 2. 1700 Margarete Helene v. Wulffen a.d.H. Tempelberg (1670–1746)
        - Ludolf (1654–1723)

Die Nachkommen von Christoph Friedrich von Bismarck

aus ⚭ 1.

- Busso Ludwig (29.1.1682–1714)
- Ludolf August (21.3.1683–4.10.1750) — ⚭ 1. 22.11.1714 Johanna Margarethe v. der Asseburg (1695–1719)
  - Albertine Louise (*1719) — ⚭ 1739 Friedrich-Wilhelm v. der Albe († 1758)

  ⚭ 2. 26.5.1733 Katharina Elisabeth Trotta gen. v. Treyden (1705–1780)
- Anna Sidonia (29.4.1684–03.1721)
- **Sophia Louise** (22.5.1685–5.8.1755)
- **Bartha Elisabeth** (15.9.1687-n.12/1773)
- **Johanna Magdalena** (19.8.1690–8.6.1762)
- Beata (12.9.1691–9.1.1743)
- Charlotta (1.8.1695-n.1762) — ⚭ 1722 Wolf Ludwig Frhr. v. Bornstedt zu Dahlen
- Georg Friedrich (13.6.1696–1767) — ⚭ Amalie v. Mardefeld
  - Tochter N.N. (1720–9.1723)

aus ⚭ 2.

- Hermine Margarete — ⚭ 1738 Wolfgang v. Werder zu Brentin

3. Kapitularinnen im Stift Fischbeck

Bei Ankunft Johanna Magdalena von Bismarcks

Kapitularinnen	Profession des Vaters
v. **Bornstedt**, Anna Elise, a.d.H. Hornhausen *1657 (1673-1734)	hess. Oberforstmeister
v. **Oberg**, Anna Elisabeth, a.d.H. Duttenstedt *1651 (1675-1732)	Erbherr
v. **Haus**, Sophia Maria, a.d.H. Eimbeckhausen *1646 (1684-1708)	hess. Rittmeister
v. **der Kuhla**, Maria Magdalena, a.d.H. Marßel *1666 (1684-1737, Äbtissin 1717)	Domherr zu Bremen und schwed. Landrat
Pflug, Sophia Catharina, a.d.H. Mausitz und Eytra (1689-1721)	
v. **Ditfurth**, Anna Dorothee, a.d.H. Dankersen *1672 (1692-resigniert 1709)	Erbherr
v. **Zerssen**, Franzeline Catharina, a.d.H. Rinteln *1662 (1693-1736)	Erbherr
v. **Münchhausen**, Sophie Gertrud, a.d.H. Rinteln und Schwöbber *1668 (1693-res. 1706)	Schaumb. Ritterschaftsdeputierter
v. **Uffeln**, Victoria Dorothea, a.d.H. Burguffeln *1663 (1697-1709)	brschw. Oberstwachtmeister
v. **Münchhausen**, Anna Dorothee, a.d.H. Rinteln und Voldagsen *1672 (1699-1730)	br.-lbg. Drost zu Aerzen und Coppenbrügge
v. **Hanstein**, Ursula Dorothea, a.d.H. Besenhausen (1702-∞ 1709)	Erbherr

Nach Ankunft Johanna Magdalena von Bismarcks

Kapitularinnen	Profession des Vaters
v. **dem Bussche**, Charlotte Elisabeth, a.d.H. Haddenhausen *1698 (1706-1753, Äbtissin 1737)	Drost zu Hausberge und Regierungsrat zu Minden
v. **Münchhausen**, Anna Louise, a.d.H. Apelern und Nienfeld *1682 (1708-1746)	Großvogt von Wolfenbüttel
v. **der Kuhla**, Engel Elisabeth, a.d.H. Marßel *1673 (1709-1752)	Domherr zu Bremen und schwed. Landrat
v. **Linsingen**, Elisabeth Sophie, a.d.H. Birkenfelde *1691 (1710-∞ 1712)	Erbherr
v. **Halcke**, Charlotte, a.d.H. vor dem Berge *1695 (1710-1771)	hess. Regierungspräsident
v. **Bismarck**, Johanna Magdalena, a.d.H. Schönhausen *1690 (1712-1762)	preuß. General

Kapitularinnen	Profession des Vaters
v. **Arnstedt**, Sabina Marie, a.d.H. Otzdorf und Bardeleben (1717-1753)	Domdechant zu Magdeburg
v. **Wartensleben**, Elisabeth Sophie, a.d.H. Exten *1690 (1722-∞ 1728)	Landdrost zu Hausberge
v. **Stockhausen**, Anna Sidonie, a.d.H. Wellersen und Dankelshausen *1697 (1728-1754)	Erbherr
v. **Haus**, Katharina Juliane, a.d.H. Eimbeckhausen *1697 (1730-1763, Äbtissin 1753)	brschw. Schatzrat
v. **Münchhausen**, Sophie Magdalena, a.d.H. Oldendorf *1694 (1732-∞ 1739)	Erbherr
v. **Mengersen**, Hedwig, a.d.H. Helpensen *1691(1734-1757)	Erbherr
v. **Veltheim**, Henriette Charlotte, a.d.H. Alvensleben *1706 (1736-1780)	Erbherr
v. **Arnstedt**, Agnesa Louisa, a.d.H. Brumby *1710 (1737-1760)	preuß. Landrat
v. **Münchhausen**, Anna Maria, a.d.H. Rinteln u. Bodenwerder *1722 (1740-∞ 1742)	hann. Oberstleutnant
v. **Mengersen**, Anna Dorothea, a.d.H. Helpensen *1728 (1742-1758)	hann. Land- und Schatzrat
v. **Westernhagen**, Johanne Antoinette, a.d.H. Berlingerode *1715 (1747-1788)	sachs.-gotha. Rittmeister
v. **Arnstedt**, Sabina Friederika, a.d.H. Bardeleben *1726 (1752-1799)	pol.-sächs. Generalleutnant
v. **Dincklage**, Elisabeth Sybille, a.d.H. Campe (1753-1799, Äbtissin 1783)	Erbherr
v. **Haren**, Johanna Friederike, a.d.H. Hopen *1731 (1754-1783, Äbtissin 1763)	Ritterschaftsdirektor
v. **Grothaus**, Elisabeth Charlotte, a.d.H. Kritenstein (1757-res. 1765)	Erbherr
v. **Arnstedt**, Auguste Charlotte, a.d.H. Brumby (1760-∞ 1788)	preuß. Major

Quellen- und Literaturverzeichnis

Abkürzungen

ASF	Archiv Stift Fischbeck
AFSt	Archiv der Franckeschen Stiftungen zu Halle
AFSt/H	Hauptarchiv
AFSt/M	Missionsarchiv
AFSt/S	Schularchiv
AFSt/W	Wirtschafts- und Verwaltungsarchiv
Tagebuch	Tagebuch August Hermann Francke 1719–1726: AFSt/H A 173–180
SBB-PK	Staatsbibliothek zu Berlin – Preußischer Kulturbesitz
Stab/F	Nachlass August Hermann Francke
NLA Bü	Niedersächsisches Landesarchiv, Standort Bückeburg
LA NRW	Landesarchiv Nordrhein-Westfalen
KAW	Kreisarchiv Warendorf

Register der handschriftlichen Quellen

Johanna Magdalena von Bismarck

Berlin: Staatsbibliothek Preußischer Kulturbesitz
Stab/F Nachlass A. H. Francke 3a/2a: 31 Reisetagebuch von Heinrich XXIII. von Reuß-Lobenstein an August Hermann Francke
Stab/F Nachlass A. H. Francke 5,1/8 : 2
Stab/F Nachlass A. H. Francke 5,1/8 : 3
Stab/F Nachlass A. H. Francke 5,1/8 : 4

Halle: Archiv der Franckeschen Stiftungen
Hauptarchiv:
AFSt/H A 166: 26
AFSt/H A 170–180 Tagebücher August Hermann Francke 1719–1726
AFSt/H A 177: 42
AFSt/H F 14 B 455–456
AFSt/H F 14 B 457–458
AFSt/H F 14 B 459
AFSt/H F 14 B 460

AFSt/H C 267: 7
AFSt/H C 808: 14

Missionsarchiv:
AFSt/M 1 C 14: 2
AFSt/M 3 H 33: 63
AFSt/M 3 H 37: 45
AFSt/M 3 H 40: 21
AFSt/M 3 H 41: 100
AFSt/M 3 H 45: 95
AFSt/M 3 H 48: 23
AFSt/M 3 H 48: 24
AFSt/M 3 H 49: 75
AFSt/M 3 H 55: 38
AFSt/W Rep.1, X/IV/2:175: Nachricht von denen im Stift zu Glaucha von 1704 bis 1760 befindlich gewesenen Personen

Anna Louise von Münchhausen

Stab/F 15,2/18:15 Mikrofilm-Nr.: 10, 999–1008 und 1055–1056
AFSt/S B I 93: Album der Knabenwaisenanstalt Bl. 79, Nr. 800.
AFSt/H C 808: 14

Bartha Elisabeth von Bismarck

Berlin: Staatsbibliothek Preußischer Kulturbesitz
Stab/F Nachlass A. H. Francke 5,1/8 : 1
Stab/F Nachlass A. H. Francke 5,1/8 : 5

Halle: Archiv der Franckeschen Stiftungen
Hauptarchiv:
AFSt/H A 166: 24
AFSt/H A 166: 25
AFSt/H C 841: 21
AFSt/H C 841: 22
AFSt/H C 353: 1–6
AFSt/H C 353: 9–10
AFSt/H C 335: 17
AFSt/H C 745: 22
AFSt/H C 808: 40

Missionsarchiv, Indienabteilung:
AFSt/ M 3 C 3: 11
AFSt/ M 3 C 5: 3
AFSt/ M 3 C 5: 78
AFSt/ M 3 C 5: 98
AFSt/ M 3 H 9: 101
AFSt/M 3 H 18: 5
AFSt/M 3 H 33: 20
AFSt/M 3 H 61: 7
AFSt/ M 3 L 9: 146
AFSt/ M 3 L 10: 36
AFSt/ M 3 L 10: 46
AFSt/M 5 B 2: 54

Schularchiv:
AFSt/S: B I 93: Album der Knabenwaisenanstalt Bl. 79, Nr. 800.

Wirtschafts- und Verwaltungsarchiv:
AFSt/W Rep.1, X/IV/2:175: Nachrichten aus denen im Stift von 1704 bis 1760 befindlichen Personen

Sophia Louise von Bismarck

Halle: Archiv der Franckeschen Stiftungen

Hauptarchiv:
AFSt/H F 14 B 461–462
AFSt/H F 14 B 463–464
AFSt/H F 14 B 465–466
AFSt/H F 14 B 467–468
AFSt/H F 14 B 469–470
AFSt/H F 14 B 473–474
AFSt/H F 14 B 475–476
AFSt/H F 14 B 477–478
AFSt/H C 841: 23

Missionsarchiv:
AFSt/M 3 L 7: 67
AFSt/M 3 H 5: 139
AFSt/M 3 H 29: 56
AFSt/M 5 E 2: 54
AFSt/M 3 H 33: 21

AFSt/M 3 H 35: 28
Nachlass Francke, Kapsel 1 (StaBi, NF, K1), M4, Nr. 9: 19–24.

Literatur

ALBRECHT, Ruth u. a. (Hg.): Pietismus und Adel, Genderhistorische Analysen (Hallesche Forschungen, Bd. 49) Halle 2018.

BAUTZ, Friedrich Wilhelm: Biographisch-Bibliographisches Kirchenlexikon, Bd. 2 (1990) Sp. 726.

BERGER-KAPP, Astrid: Der Himmel auf Erden. Das Braunschweiger Gesangbuch von 1686, in: Dieter MERZBACHER: Tagungsbericht: Der Pietismus im Fürstentum Wolfenbüttel, 2008.

BISMARCK, Hermann Hans Valentin von: Stammbuch des altmärkisch-uradlichen Geschlechts von Bismarck: von 1200–1900, Berlin 1900 (Neudruck 1974).

BRECHT, Martin (Hg.): Der Pietismus vom siebzehnten bis zum frühen achtzehnten Jahrhundert (Geschichte des Pietismus, Bd. 1) Göttingen 1993.

BRECHT, Martin: Das Aufkommen der neuen Frömmigkeitsbewegung in Deutschland, in: Martin BRECHT: Geschichte des Pietismus, Bd. 1, S. 113–204.

BRECHT, Martin: Philipp Jakob Spener, sein Programm und dessen Auswirkungen, in: Martin BRECHT: Geschichte des Pietismus, Bd. 1, S. 281–390.

BRECHT, Martin: August Hermann Francke und der Hallische Pietismus, in: Martin BRECHT: Geschichte des Pietismus, Bd. 1, S. 440–540.

BRECHT, Martin/DEPPERMANN, Klaus (Hg.): Der Pietismus im achtzehnten Jahrhundert (Geschichte des Pietismus, Bd. 2), Göttingen 1995.

BRECHT, Martin: Der Hallische Pietismus in der Mitte des 18 Jahrhunderts – seine Ausstrahlung und sein Niedergang, in: Martin BRECHT/Klaus DEPPERMANN (Hg.): Geschichte des Pietismus, Bd. 2, S. 319–358.

BORGGREFE, Heiner/LÜPKES, Vera (Hg.): Adel im Weserraum um 1600, Katalog zur Ausstellung (Schriften des Weserrenaissance-Museums Schloss Brake, Bd. 9) München/Berlin 1996, S. 129, Katalog, S. 309.

DIPPER, Christof: Deutsche Geschichte, 1648–1789, Frankfurt a. M. 1991.

DÜLMEN, Richard von: Kultur und Alltag in der Frühen Neuzeit.16.–18. Jahrhundert, 3. Bd. Religion, Magie, Aufklärung, 2. Aufl., München 1999.

DUNCKER, Alexander: Die Ländlichen Wohnsitze, Schlösser und Residenzen der Ritterschaftlichen Grundbesitzer in der Preussischen Monarchie, Bd. 8, Berlin 1865–1866.

ENDERS, Lieselott: Herrschaftswechsel mit Langzeitfolgen: Schönhausen und Fischbeck unter den Bismarcks (16.–18. Jahrhundert) in: Jahrbuch für Brandenburgische Landesgeschichte 53 (2002), S. 46–72.

ENGELBERG, Ernst und Achim: Die Bismarcks, München 2010.

Georgi, Lotte (Hg.): Maria Dorothea Ziegenbalg. Tatsachenberichte aus dem Leben der ersten deutschen evangelischen Missionarsfrau in Süd-Indien. Berlin 1958.

Gleixner, Ulrike: Die Gandersheimer Äbtissin Elisabeth Ernestine Antonie (1681–1766) im Briefwechsel mit Gotthilf August Francke in: Dieter Merzbacher, Tagungsbericht: Der Pietismus im Fürstentum, Wolfenbüttel, 2008.

Gleixner, Ulrike: Einklang oder Dissonanz. Adel und Pietismus in geschlechter-geschichtlicher Perspektive, in: Ruth Albrecht: Pietismus und Adel, S. 3–22.

Hempel, Christian Friedrich: *Merckwürdiges Leben Des Unter dem Namen eines Grafens von Biron Weltbekanten Ernst Johann Gewesenen Regenten des Russischen Reichs, auch Herzogs, in Liefland, zur Curland und Semgallien etc.* Nathanael Saurmann, Bremen 1742.

Hengst, Karl (Hg.): Westfälisches Klosterbuch. Teil 1: Ahlen – Mülheim (Quellen und Forschungen zur Kirchen- und Religionsgeschichte, Bd. 2, Veröffentlichungen der Historischen Kommission für Westfalen, Bd. 44) Münster 1992.

Jakubowski-Tiessen, Manfred: Der Pietismus in Niedersachsen, in: Martin Brecht/Klaus Deppermann (Hg.): Geschichte des Pietismus, Bd. 2, S. 428–445.

Jakubowski-Tiessen, Manfred: Der Pietismus in Dänemark und Schleswig-Holstein, in: Martin Brecht/Klaus Deppermann (Hg.): Geschichte des Pietismus, Bd. 2, S. 446–471.

Kimminus-Schneider, Claudia: Lippstadt – Damenstift, in: Karl Hengst (Hg.): Westfälisches Klosterbuch Teil 1, S. 531–537.

Korff, Gottfried/Ranke, Wilfried (Hg): Preussen. Versuch einer Bilanz, Ausstellungsführer, Berlin 1981, Bd. 1, Art. Königsberg 1701, S. 113 f.

Kraus, Hans-Christof: Bismarck Größe – Grenzen – Leistungen, in: archive.org. Klett-Cotta, 2015.

Lenthe, Gebhard von/Mahrenholtz, Hans: Stammtafeln der Familien von Münchhausen, Teil 2: Textband zu den Tafeln I–LI, I–XX. Generation (Schaumburger Studien, Bd. 36) Rinteln 1976.

Mehrdorf, Wilhelm: Das Pyrmonter Waisenhaus, ein Werk der pietistischen Bewegung in der ehemaligen Grafschaft Waldeck-Pyrmont (Schriftenreihe der Genealogischen Gesellschaft Hameln, Heft 21) 1959.

Merzbacher, Dieter/Miersemann, Wolfgang (Hg.): Wirkungen des Pietismus im Fürstentum Wolfenbüttel: Studien und Quellen, Wiesbaden 2015.

Meyer, Philipp: Die Pastoren der Landeskirchen Hannovers und Schaumburg-Lippes seit der Reformation, Bd. 1, Göttingen 1941.

Neumann, Brigitte: Die Bismarcks in der Dorfkirche zu Schönhausen, Schönhausen 1998.

Obst, Helmut: August Hermann Francke und sein Werk, Halle 2013.

Oldermann, Renate: Die Stiftsprediger in Fischbeck seit der Reformation (1557–1964), in: Jahrbuch der Gesellschaft für niedersächsische Kirchengeschichte 102 (2004), S. 243–266.

Oldermann, Renate: Stift Fischbeck – Eine geistliche Frauengemeinschaft in mehr als 1000jähriger Kontinuität (Schaumburger Studien, Bd. 64) Bielefeld, 2. Aufl. 2010.

Oldermann, Renate: *Aus einem uhralten hochansehnlichen Geschlecht entsprossen.* Die adligen Töchter im Stift Fischbeck – Herkunft, Selbstverständnis, Glaubenspraxis, Göttingen 2019.

Osten, Victor Jürgen von der: Die Rittergüter der Calenberg-Grubenhagenschen Landschaft, Hannover 1996.

Raabe, Paul (Hg.): Vier Thaler und sechzehn Groschen. August Herman Francke. Der Stifter und sein Werk, Halle 1998.

Raabe, Paul: August Hermann Francke in Wolfenbüttel, in: Dieter Merzbacher/Wolfgang Miersemann (Hg.): Wirkungen des Pietismus im Fürstentum Wolfenbüttel, S. 357–375.

Scheel, Günter: Briefe der Kurfürstin Sophie an die Landgräfin Marie Amalie (1684–1711) in: Niedersächsisches Jahrbuch für Landesgeschichte 36 (1964), S. 127–157.

Schloms, Antje: Weibliche Handlungsspielräume, in: Pietismus und Adel, Genderhistorische Analysen, hg. von Ruth Albrecht u. a. (Hallesche Forschungen, Bd. 49) Halle 2018, S. 179–193.

Schmidt, Georg: Schönhausen und die Familie von Bismarck, Berlin 1897.

Schneider, Hans: Der radikale Pietismus im 18. Jahrhundert, in: Martin Brecht/Klaus Deppermann: Geschichte des Pietismus, Bd. 2, S. 107–197.

Trippenbach, Max: Rosamunde Juliane von der Asseburg, die Prophetin und Heilige des Pietismus. Sonderdruck aus der Asseburger Familiengeschichte, Sangerhausen 1914, S. 305–329.

Wagener-Fimpel, Silke: Ein Leben im Geist des Pietismus – Gräfin Johanna Sophie zu Schaumburg-Lippe (1673–1743), in: Jahrbuch der Gesellschaft für niedersächsische Kirchengeschichte 100 (2002), S. 61–118.

Witt, Ulrike: Bekehrung, Bildung und Biographie. Frauen im Umkreis des Halleschen Pietismus (Hallesche Forschungen, Bd. 2) Tübingen 1996.

Woods, Jean M./Fürstenwald, Maria: Schriftstellerinnen, Künstlerinnen und Gelehrte Frauen des deutschen Barock. Ein Lexikon, Stuttgart 1984.

Wotschke, Theodor: Pietistisches aus Ostfriesland und Niedersachsen, in: Zeitschrift der Gesellschaft für niedersächsische Kirchengeschichte 36 (1931), S. 72–178, 39 (1934), S. 151–195, 40 (1935), S. 156–223.

Abbildungsnachweis

Archiv Stift Fischbeck: Abb. 7 (Stahlstich, 1850), 10, 32 (Foto Marburg), 33 (Foto Marburg)
Gattermann, Andreas: Abb. 11, 34, 35
Gemeinfrei: Abb. 13, 22, 23, 38, 39, 43
Halle, Franckesche Stiftungen: Abb. 19 (AFSt/B Sb 0004, Kupferstich Gottfried August Gründler 1749), Abb. 26 (AFSt/B G 0144), Abb. 27 (AFSt/B M 3644, Öl auf Kupferblech), Abb. 28 (BFSt, Böttichersche Porträtsammlung B 1524), Abb. 36 (BFSt, Böttichersche Porträtsammlung B 1496)
Jackwert, Sabine: Abb. 2, 44, 45, 46, 49, 50, 53
Klosterkammer Hannover/ Foto Corinna Lohse: Abb. 16, 17, 47, 48
Museum Schloss Schönhausen/ Sammlung Dunker: Abb. 1, 4
Oldermann, Renate: Abb. 3, 5, 6, 8, 9, 12, 14, 15, 18, 20, 21, 24, 25, 29, 30, 31, 37, 40, 41, 42, 51, 52.

Briefe:
Abb. 1: AFSt/H F 14/459, 1722 Juli 23, S. 1
Abb. 2 und 3: AFSt/H F 14/455-456, 1722 November 14, S. 1 und 4
Abb. 4 und 5: AFSt/H F 14 B 463-464, 1721 April 1, S. 3 und 4
Abb. 6: AFSt/H C 353: 10, 1770 August 12, S. 3